Marcel NUSS

ÉLÉGIE SANS LENDEMAIN

© Marcel Nuss, 2022
Édition : BoD – Books on Demand, info@bod.fr
Impression : BoD – Books on Demand, In de Tarpen 42,
Norderstedt (Allemagne)
Impression à la demande
© Autoéditions – Marcel NUSS
Dépôt légal : juin 2022
Couverture : Jill NUSS
ISBN : 978-2-3224-0515-2

AU FUR ET À MESURE

Elle est loin Elle est belle
– de cette beauté infinie qui bruisse à travers les ondes
multiple et singulière –
Annamite au cœur de mangue
Iute à l'âme blessée
Elle interroge les oracles du Ciel d'une voix frêle
et délicate
Elle tisse son mandala solaire
entre les feux de Troie et la sagesse du lotus
entre les canyons du Manitou et les rives du Bouddha
Elle sait l'humanité en toute chose
le prix du silence et le sang du temps qui passe
sous les arcs d'une vie en transit
Elle est humanité au fil des mots que fouille
l'émoi des maux
Elle est un point nodal où converge
l'Essence des sens
le nénuphar où se blottit
le chant du yoni
à l'aube de
l'Éternité

KARMA

Hélène ploie
sous le poids du parvis
la vie est un lavis
qui déploie ses ors
sous les pas d'une fille
devenue une femme
au sortir de l'enfance
comme une évidence
que danse l'ami
de pain

Hélène ne rompt point
sous le poids de l'hostie
Indochine Algérie
l'amour crève sous les coups de fusils
pendant que roucoulent
tourtereaux et tourterelles
et qu'une main aspecte un sein
dans un élan de vie
un grisou de tendresses
dans les yeux d'Hélène

L'amour est comme la vie
il se niche partout
le bonheur itou

AIGLE

La silhouette d'un oiseau
sur la cime du ciel
lance son appeau
vers cette âcre Terre
où stagnent des sédiments
d'âmes sédentaires
et poussiéreuses

C'est un aigle d'Azur
un Scorpion d'Améthyste
qui féconde l'à-venir
sur les décombres d'avant
c'est un chœur de libellules
enlacées dans une étreinte
vitale et incarnée

"Être ou ne pas être…"
la lucidité

CINÉMA

La folie d'Hamlet
n'est qu'une intelligence de la raison
quand la folie d'Ophélie
est un *te deum* de l'amour

Plan large zoom avant gros plan
un handicapé boite dans une boîte
à malices rugueuses
travelling arrière contre-plongée
une femme clappe d'une voix de velours
La vie à nu 10/1ère

Ophélie meurt sans rémission
pendant qu'Hamlet oublie la compassion
dans l'indifférence de la vengeance
et le fracas de toute engeance

Le montage suit la ligne de vie
un regard dessine le corps défait
et le corps blessé nourrit un regard
le générique peut se dérouler
le bonheur a ses limites
et la liberté un prix

MITE

Fils d'Aphrodite Amant de Vénus
je suis Priape et Quasimodo
Chatterley et Cyrano
la cour des Miracles en sorte
Ma langue rap
dès que l'esprit zappe sur le plaisir
Trouble désir troublant
de l'absence et du trop-plein
silence intolérable des regards pervers
sur l'altérité flamboyante d'un
corps subversif
Rage d'étreindre
volonté de peindre les soupirs
J'aime les femmes

                        une… deux…

j'aime des femmes et plus
j'aime en elles la vie qu'elles aiment en moi
j'aime la vie qu'elles me donnent
j'aime la profondeur de leurs émois
j'aime le son de leurs mains
le poids de leur cœur

                        ou de leur Chair

j'aime l'amour en somme
et le jeu subtil des sens
décousus

Mon luffa frétille

Cocasses quiproquos
sceptiques quolibets
dans la baie d'Acapulco j'ai noyé mes mots
ils avaient trop mal au cœur
à force de se dire ils avaient perdu tout sens
commun des mortels
Sur le Pain de Sucre j'étais planté
homo gigote hétéro
et fier de l'être
l'homme est double
et la femme est multiple
Double salto avant renversé
par l'amour à tous vents
Quels sont ces rabat-joie insensés
que rien n'émeut
alors que la vie lutine les jours ?
Il n'y a que la différence
qui interpelle les âmes mort-nées
J'ai pris mon pied à flâner dans mes yeux
laisse mon corps reprendre ses esprits
et il te dira qui je suis
ou… qui tu es
l'amour

Elle dort là-bas
          seule
      au bord du lit
le corps perclus
        et nu
     comme la vie
elle dort aussi nue
        que l'amour
      blessé il y a longtemps
le cœur gonflé
        de vertus

et d'ailes mordues
elle dort sans elle
la nuit tombée
au bord des rêves
que l'esprit a dessinés
pour les yeux
d'un saltimbanque
déglingué

BOUQUET D'AFFECTION

Alors le Verbe s'est fait lumière
Dans les yeux de Vermeer
une bougie a éclairé l'éclat d'un forsythia en feu
La vie n'est qu'un clair-obscur
dans la bouche d'un nénuphar
éploré d'amour éperdu
Le père dort et la mer attend les impairs
d'une existence en dents de chardon

Alors son corps a ri des larmes sucrées
Qu'importent le bruit et la brume
si la tête n'est qu'un doux champ de fleurs
émancipées en beauté
Et que m'importe le jour sans la nuit
le soleil sans la lune
et toi sans tes étoiles
J'aime la chaleur d'une chair qui
s'articule autour des mots
J'aime que le temps soit source d'espoir
le bonheur est une surprise
qui fleurit au détour d'une vie
Sais-tu que je crois que
l'un est l'essence de l'autre
à l'orée des sens
ouverts
sur l'Infini de toute âme

OISEAU

Le sein darde
de doux éloges d'amour
                    La femme-oiseau
                        décolle
                     avec peine
                entre soupirs et alcool
                chagrins et farandole
Le sein largue
des tombeaux de souvenirs
                    La FEMME-oiseau
                        s'envole
                          loin
                des baisers qu'elle happe
                  au vol de ses sourires
Le sein borde
des sillages de désirs
                    La femme-OISEAU
                        plane
                         par
                  monts et par maux
                sens dessus dessous
Le sein drague
la drogue des élisions
                    La FEMME-OISEAU
                        glane
                    des bouquets
                de larmes épanouies
                  sur le lit de la nuit

Fugitive   une main arborescente   lisse la sphère suprême la
saveur veloutée avec une ferveur   de profane esthète
              aux portes du désir nu
                    quand chante la lumière
                         de la vie
                  sous le pont des aurores boréales

11

AU FEU

Entrelacs de toi
de toi à moi
sous un toit d'émois
chairs de femmes corps en flamme seins flamboyants nénuphars
ardents
l'extase est sur les dents
Les vulves valvent l'espace du regard
tels des baisers de lèvres confondues
dans un crépitement d'amours
homo d'où le phallus est omis
omission par effusion effusion de déflagrations déflagrations par
infraction
sous un entrelacs de moi
de moi à toi
par des émois sans toit
qui révèlent quoi
le multiple de la femme et le singulier de l'homme
mon corps d'homme mon âme de femme
mon cœur sans frontière et
mon désir plein de rires
sur l'horizon infini
où se lit le bonheur
de nos chœurs
épris de
vie
!

PÂQUES PEU ORTHODOXES

Le poisson dans l'œuf est monté
l'a tété jusqu'à la moelle
a frétillé tant et si bien
que sa semence s'est égouttée
sur le tapis de mémé
tapis persan tapis percé
où nous nous sommes livrés
à l'amour sur un fil
une corde raide à plaisir
dont le linge s'est envolé
pour mieux nous dénuder
nous évider jusqu'à l'âme
Poisson bancal dans le bocal
que c'est banal
un animaux deux animal
j'ai mal au dos c'est rigolo
d'être équilibriste sur des dominos
d'améthyste qui lutinent sur la piste
    aux émois

AVEU TRINITAIRE

Je suis trois hommes en un.

Celui que j'aurais dû être si... Celle que j'aurais voulu être si... Celui que j'aurais pu être si...

Errance de nos absences.

je suis trois êtres en mal d'Électre. Trois moi en mal de soi. Trois visages en mal de roi mage.

Élégance de la différence.

L'homme inné quête sa ritournelle. Sapho sonde son doux ego. Homo admet ses confus échos.

Évidence de nos silences.

L'homme s'élague dans le chaudron de l'altérité. Sapho bruisse sans mot et lisse ses oripeaux séduits par la tendresse. Homo est déconfit par la redondance veule des machos impuissants.

Confidence de réminiscences.

Je suis un cœur fervent d'amour et de vie, une âme tous azimuts. La trinité du regard décompressé sous le tison de la pérennité percluse. L'unité nue d'un clair-obscur assimilé.

Connivence de la tolérance.

Je suis l'infinitude. La synthèse d'un passé flou dans un futur indécis sous l'évent d'un présent aléatoire, la fusion d'hier dans le limon de demain par la source d'aujourd'hui. Je suis rien.

Je suis tout.

Mais qui suis-je après tout ?

La réincarnation de moi-même ? La désincarnation du vain ? L'intemporel ?

Le reflux ? L'absolu ? Le dévolu ? Le révolu ? L'éperdu ? L'étendu ? Le flux ?

Le temporel ?

Je suis le Désir avant tout

PRIÈRE D'AIMER

Le fruit de vos entrailles est serti
dans la conque d'un désir recueilli

Deux seins bulbent la passion à corps perdus
sur l'horizon gravide d'une comète distinguée
et grésillent telles des bonbonnes d'amour
sous un figuier de tourbillons étoilés
Femme-arpège homme-orchestre
le credo des cœurs à corps bruissent entre vos chairs
effervescentes et fluides de toréadors
à nu et à sang qui dansent la mise à feu

Il harpe l'oraison d'un triangle dévolu
qui pianote sur l'espérance d'une dévotion
résolue il tangue et bande à brandon éperdu
l'œil plongé dans l'absolu limpide du rut
Elle est son jour elle est sa nuit elle est sa vie
sa figue chante sa bouche luit et suit
elle va le prendre elle va lui donner dans
les courbes de lignes croisées

Plante-moi dans le firmament d'un regard
qui noie le désarroi d'être nous par l'alcool
d'être toi rien que toi le temps d'une valse
effusion et un peu lui par évaporation
Fellationne-moi dans un enlacement de Vénus
j'ensemencerai ton Verbe d'une humble extase
les pieds ancrés dans les nues de ton âme
comme une main sur une saveur postérieure

Le fruit de vos entrailles est serti
dans la conque d'un désir recueilli

QUI SUIS-JE POUR T'AIMER
FEMME   ÉTERNITÉ
?

15

L'amour accompagné
(2003)

LINOU

Le rire inquiet
de la femme en mal d'elle
alors qu'elle a tant d'ailes
entre ses bras
La générosité d'une âme
d'une jolie dame en devenir
aux élans enflammés
qui ne sait pas qu'être femme
c'est être soi
jusqu'au bout de ses doigts
de ses appâts
apparences
Le rire cristallin
de tes essors fragiles
entre mes jours qui défilent
grâce à toi grâce à ta foi
gracile comme toi
comme tout
tout ce qui est frais
tout ce qui est vrai
et beau à la fois

LO

Mon épi de blé mûr
mûrie sous les harnais du temps
les tourments de l'enfant
et si belle pourtant

ma louve sauvage
sous un vernis de douce apparence
à la sagesse sans ambages
j'aime lorsque ton rire danse

mon présent printanier
mon futur éternel

à la présence qui ritournelle
entre des évidences blessées

des blessures que la vie interpelle
comme l'azur appelle le jour
comme la nuit caresse l'amour
et le bonheur fuit les discours

mon épi de blé mûr
mûrie sous les brises du vent
le chemin qui t'attend
est l'horizon qui nous unit

YANNOSH

Yannick Yannosh
Irréelle bamboche
Le bonheur crisse telle
une femme
en mal de flamme
entre tes doigts de Buster Keaton
un peu atone et plein de joie
L'insouciance au bord de la voie
gitan désinvolte
tu construis ton destin
comme un refrain
Le cœur au fond de l'âme
l'horizon au fond des yeux
la vie avec un appétit vorace
une philosophie sagace
qui survole les contingences du temps
d'un revers d'incrédulité
Yannick Yannosh
un certain bonheur ricoche
entre tes bras
d'enfant inassouvi

CREDO

Ma danse intérieure
Ma voie sublime
Je suis là ici-bas
Avec toi près de vous
En moi
Je suis là
La certitude d'être le sens
De mon existence
D'être le sillon d'un destin
Aux allures de festin
Ma danse intérieure
Ma joie sublime
Le mont roule sous la houle
De tes reins qui saoulent
Un soleil du matin
Un bonheur d'airain
Je m'énonce entre tes mains
L'horizon nous inscrit
Dans ses bras
Vivre est un doux émoi
Vivre est la conjugaison
De toi et moi
Ma danse intérieure
Ma soie sublime

JE SUIS VENU, J'AI VU
ET
JE SUIS REPARTI

J'ai vu la cité de Carcassonne
où le fric résonne
où les « handicapés » cahotent
entre les commerces à gogos

J'ai vu la cité de Carcassonne
où les pierres ont perdu leur âme
prostituées par des veaux
pour appâter des ânes

J'ai vu la cité de Carcassonne
heureusement il y avait une belle
entre ses murs blêmes
seul l'amour est éternel

FONTAZELLES

Fontazelles
Si proche du ciel
Si loin de tout
à la quiétude irréelle
que le regard encorbelle
de teints si doux
Fontazelles
Brûlé par le soleil
Et balayé par un vent
Qui nettoie les sentiments
Que l'amour attend
Fontazelles
Au silence tonitruant
Inspiré par des pierres
Que nourrit le temps
La mémoire d'un lieu
Immuable et éternel
Sous un horizon changeant

PIQUE NIQUE

À Janine

Soleil
A faim
Et soif
La vie chante autour d'elle
Le jour est chaud
Sous l'arbre printanier
Elle se réjouit
L'appétit lui sourit
La saucisse est à point
Presque brûlante
Sous la main qui l'a saisie
Elle se penche
La vie rit…

COOL

La désespérance hurle dans le vide
de fonctionnaires sourds
à la souffrance de dossiers désincarnés
par leur esprit bureaucratique

La désespérance désespère du vide
de fonctionnaires creux
à force d'être des écueils desséchés
par leur humanité oubliée

La désespérance dépérit par le vide
de fonctionnaires lourds
à peine conscients de leur inhumaine
surdité à l'existence d'autrui

À cultiver l'indifférence
on récolte le mépris
mais que vaut le mépris sans cri
à l'ombre d'un bureau bien chaud

AILES

"M" comme aime
ou sème
ou gemme
j'aime les gemmes
qu'"M" sèment d'"aime"
même blêmes

doux blasphèmes
sur le lit de nos anathèmes
je t'aime
"M"

"M"

"L" comme telle
si belle
entre ciel et frêle
entre pêle et mêle
elle chancelle
ritournelle
avant après autour
de la margelle
de l'amour

"L" charnelle
sensuelle
sentinelle pastel
qui hèle la vie
d'un regard flanelle

il est fol d'elle

VIS

Aime et la vie s'ouvrira
crois et la vie t'offrira
le sourire d'un regard
que le temps a posé
sur le chemin d'un hasard
qui n'existe pas
puisque la vie est
toujours et à jamais
dans les reflets d'un cœur
dans la source d'un mot
dans un corps qui se dévêt
et s'offre sans sourciller
à l'aube de nos échos

STUPEFACTION

Comment vivez-vous
mais comment faites-vous donc pour vivre
en bordure de ces voies virulentes
vomissant des véhicules vociférant
à longueur de vacarmes
je ne le pourrais pas
je ne supporterais pas d'avoir l'ouïe asphyxié
le regard pollué griffé par ces vrombissements incessants
qui circulent à toute vitesse
sous vos fenêtres que le bruit blesse
Circulez
il n'y a rien à voir
juste à entendre la rengaine
des bolides qui geignent
leur indifférence d'un soir
ou d'un matin
il n'y a pas d'heure
pour rouler sous vos jardins

ORAISON

Je hais le maïs
qui pollue la vue
à perte de vie
comme une plaie vive
sur une région imbue
de profits à foison
je pleure
le blé le colza les prés
la douceur et la beauté
qui caressaient l'horizon
du temps où l'homme avait encore sa raison
du temps où chantaient les saisons
Chère mondialisation !

PAS DU TOUT...

A la folie
avec toi
contre toi
en toi
en toi passionnément
les seins luisants
nos corps hagards
emplis d'égards
éblouis
par la vie qui nous jouit
sur le lit assoupi
de nos regards exubérants
pénétrés de nous
pénétrés de tout
à la folie

BERGE VOCALE

Va et vient
vogue sur le volume veiné
d'un vigoureux volute
à vif et à sang
de vie

volubile voyage
de vague en vague
sous ta vorace valse
avide et à flot
de toi

vit
viens
et vas

emplie de soie
jusqu'à la joie

LIBÉRATION

à Marie-Paule

Mort hideuse
fin abjecte
agonie difforme
les traits bouffis
le regard éteint
étreint par l'impavide vérité
défigurée jusque dans l'inéluctable
déchéance
ultime et extrême
mourir
échéance
mais à ce prix
mourir n'a pas d'âge ni de cieux
encore moins de sentiment

mourir et naître
dans les mêmes déchirements
naître à la mort
et mourir à la vie
pour renaître autrement
mais pas dans cette putréfaction
inhumaine
cette résignation désespérée
toi qui auras tant attendu
de la vie
alors qu'il ne faut jamais attendre
juste être sa vie et vivre son être
à en mourir
d'amour

AMENDE HONORABLE

Corps offert
en pâture
à la vie malgré tout
à l'amour avant tout
au bonheur surtout
quand il est à la marge

corps offert
à l'orbe sourde
du temps qui circule
et la mort qui recule
jusqu'au moment ultime
où la chair se dissoudra

corps inerte
si alerte
dans le bocage des jours
enveloppe éphémère
qui défie les mots
et le sens

corps mort
à perte de vie

entre des mains étrangères
des mains prêtées
à l'espérance d'être
dans le sillage d'un cèdre
impossible

un corps échoué
dans un chaos de chair
et de vivant vivace
l'esprit las lourd
léger et présent à soi
tellement présent
                    dans la douleur d'être

J'ai sillonné la vie
j'ai sillonné Annecy
j'ai sillonné l'amour
sillonné tes faubourgs
j'ai sillonné la détresse
et la sagesse
et la paresse
et tes largesses
ô tes largesses

je sillonne tant et tant
à la quête d'un temps
illusoire
où il n'y aurait que
toi et moi

sillonner pourquoi
quand vivre est là
entre tes doigts
tout contre tes joies
et mon devenir

Une courtisane
la croupe frangipane
tendue sans détour

vers un coup de reins en velours
frétille son désir
le dos lisse
le cou souple
tendue sans détour
elle attend la plongée sublime
le poinçon d'amour
dans sa croupe pleine
de souveraine

La vie m'aime
et toi
hier
elle t'a aimé   hier
et ce soir
non ?
c'est pas grave
elle t'aimera demain
elle aime toujours
la vie
il faut juste vouloir vivre
pour savoir vivre
veux-tu vivre
vraiment ?
alors viens
vivons
encore un peu

La vie m'aime
vas savoir pourquoi
car avoue
on dirait pas
à me voir ainsi
tout patatras
tout plein de coups
pourtant crois-moi
avec un malin plaisir
chaque jour
elle m'aime un peu plus

un peu moins sourde à l'amour
des jours qui bâtissent
une vie
cette vie qui m'aime
et toi

BOUDDHA BANCAL

Corps difforme
sans confort très conforme
corps plein de formes
rêches sèches
gonflé à l'hélium
bidon de Bibendum
qui souffle sa déconvenue
de parvenu à l'extrême
aux appendices déconfits
et au pénis circonscrit
par la vie
sourire au rire infini
regard qui brille
sur l'alentour des jours
informes
comme ce corps
ratatiné dans le décor
d'un amour
aux mouvances gracieuses
que seul nourrit
la certitude d'un absolu

SYMPHONIE CUTANÉE

Chairs chaudes
corps doux
savoureuse tendresse
entre des jambes nouées
des frôlements satinés
de peaux subjuguées

qui rayonnent
d'amour
d'abord
de désirs
ensuite

ventres qui convergent
et se pressent
autour de la rude langueur
d'une tendre verge

sa pudeur entamée
par le souffle qui l'inspire
ses feulements intimes
aux portes d'elle-même
au cœur de nous
et nos yeux qui se cherchent
s'enlacent se prélassent
se boivent et se caressent
comme au premier jour

nos lèvres gourmandes
sa bouche sur moi
folâtre prenante
doucement dévorante

ah nos corps aspirés
dans la spirale de nos soupirs
l'éloge du plaisir
d'être alanguis en nous
sous les draps d'un sommeil
sans nulle pareille
après les ultimes soubresauts
de nos abords recomposés

CONNIVENCE INTIMISTE

Sous l'œil de sa peau
mon cœur prend chair
regard intime
porté au-delà des apparences

L'essence est-il dans les sens
qui se tricotent en deçà du silence
des licences d'un amour
primevère

La chair de son cœur
prend corps
sous la pulpe de son œil
qui me dévoile

Les sens sont-ils le seuil
de nos êtres en partance
pour l'entrelacs charnel
de nos accointances

BONJOUR MON AMOUR

Une chevelure en guinguette
sur une nuque ludique
entonne gaiement
des saveurs impudiques
Croupe ancrée en une pose lascive
de grive éprise
dans l'embrasure du jour
au-dessus de draps ébouriffés
par l'envolée de ses atours
Aparté de doigts en goguette
qui happe la hampe
lueurs garance
gavée de fragrances

La croupe pense
au gré d'une bouche
qui encense
des soupirs haletés
Elle s'allaite à contre-jour
à l'ambre de son amour

WOODY ALLEN SPLEEN

Le spectre de l'impuissance
comme une chape de désespoir
nourrit d'abstinence de doutes et de désarroi
bien enkystés dans un recoin de l'esprit
hantise d'autrefois
d'il était une fois
la mort aux bourses
la bourse ou la vie
par apnée d'espoir
peut-être d'amour aussi

Il est des blessures qui s'obstinent
Des angoisses malignes
Dans la froidure d'un hiver naissant
Temps maussade de lassitude
Sans autre latitude qu'attendre
Le dégel des maux
Que le temps avait mis en sourdine
Les jours s'effeuillent inexorablement
Le cœur n'y est plus
Il n'y a que la chaleur de son corps
La douceur de ses mains

Être
Mais qu'est être
Dans ce magma informe
Qu'est soi
L'homme voudrait être certitude
Il n'est qu'habitudes

Il voudrait être évidence
Il ne naît qu'en mal de providence
Frêle incertitude
Il n'y a que la chaleur de son corps
La douceur de ses mains
Qui m'inspirent
Un peu de quiétude
Les saisons d'impuissance
hagarde

ODE SENSUELLE

Ta main sur mon sein. Ton sein dans ma bouche. Ta bouche sur mon sexe. Mon sexe en toi. Loin, très loin. Très fort. Très doux. Très tout. Très saoul. Joue de nous. Sur nos guitares à mille cordes. À mille sons. À mille lieues de tout enjeu.
Joue. Joue-nous.
Mon sein dans ta bouche. Ma bouche sur ta main. Ta main sur mon sexe. Rythme. Vulve. Valve rouge. Tout ioule. Tout cool. Roule. Tes doigts s'immiscent entre interstices et tréfonds. Entre confins et fin fond. Profond. Jusqu'à l'onde vagabonde.
Joue. Joue de tout.
Ma bouche sur ton sexe. Ton sexe dans ma main. Ta main sur mon sein. Le jour a un goût de liqueur qui se lève sur mes lèvres lovées dans le désir de toit. Frémir. Oser. De nous aimer. De nous quérir. De soupirs en émotions par le galbe de tes soies.
Joue. Joue-toi de nous.
Le souffle court. L'amour élancé.

Aimer un être pendant des mois, des années.

Enfin, l'aimer d'abord puis penser l'aimer, avant de comprendre, d'admettre enfin que l'amour est éteint, qu'il ne sera plus. Que les chemins se séparent, à jamais, plus ou moins bien, plus ou moins chien... et chat. Échec, défaite, victoire sur soi ou gain ? C'est selon. C'est ainsi. C'est la vie. Un deuil de plus dans le lot des deuils qui font un destin. Cortège d'aubes et de crépuscules sur l'orbe chaotique de ce temps personnel et solitaire et fluctuant du mûrissement.

Séparation.

Le cœur n'y est plus, il n'a plus de corps. Ce corps tant aimé, tant espéré, tant et tant désiré, des nuits entières, des jours éclatants de folles déraisons charnelles, à corps perdu, à cœur éperdu. Ce corps qui s'est offert, ce corps qui s'est refusé. Ce corps sublimé, ce corps détesté. Ce corps, chair de l'être aimer, qu'un jour on ne peut plus toucher, apprivoiser, approcher même, comme s'il était brusquement devenu étranger.

Amour, étrange alchimie.

Aimer pour l'éternité, car on aime toujours à jamais, ça rassure, et se retrouver face à soi-même, face à ses peurs, ses lâchetés, ses fragilités. Pour oser être. Soi. Un peu plus, un peu mieux. Sur la voie de son être. Quête. Conquête intérieure. Expansion. Vivre est un appel à la vie. À l'amour. À la réalisation. De l'amour, de soi. De l'amour de soi et de l'amour de l'autre. Du nous. La vie naît du vide. L'amour aussi.

Ainsi soit-il.

DIVAGATION

Sexcitation
station debout couchée assise lovée rivée
pénis-bleu
et
con-sensuelle
quoique
les corps billard roulent
et le plaisir con-verge
lorsque le bonheur dix-verge
selon nos temps danses
ou nos temps pont
pont pieds
tout feu tout femme
sur or bite

FANTASMES D'OBJET

Chaise
je suis le siège de vos effluves qui m'assiègent
avec tellement de fondements
je suis le siège de vos chairs qui me débordent
ou me disloquent de fond en comble
dans le sillage de votre succulent sillon
je suis le siège de vos langueurs et
de mes ardeurs muettes de désirs
sans queue ni tête
j'aimerais tant vous conspirer longuement
satisfaire votre nudité désinvolte posée
les jours de friponne effervescence
sur ma paille qui ploie en silence
j'aimerais tant vous susurrer mes sentiments
lorsque assise sur moi vous songez
à une existence moins banale
j'aimerais tant être pour vous plus qu'une
chaise... bancale

Neige vent brouillard
il est trop tard
dehors il fait froid
dedans elle n'est pas là

Sens dessus dessous
je suis
sans dessous dessus
elle est
car c'est plus doux
niché dans ses nichons

MOTEUR

J'ai des pensées troubles
comme de l'eau qui voit double
une bière s'il vous plaît
ou un rouge à trois roubles
j'ai des pensées troubles
et le cœur enfumé
qui rêvent
sous une lune grise
à une Vénus Étoile du soir
dévoilée
fraîche belle et touchante

il est des femmes qui
comme "les pirogues
s'en vont et s'en viennent"
portées par les effervescences
d'un esprit en fusion
de femmes-épices

plongée contre-plongée
plan resserré
sur un regard à la douceur mélancolique

l'homme est tant et si peu
derrière le léger fardeau de la beauté

l'homme est tout et rien
sous l'euphorisant poids de la passion

mais comment ne pas aimer ce sourire
à la pilosité négligée
d'un charme nonchalant
et humain
l'homme est tant et rien

l'amour est tout

Dans ses yeux d'éternel enfant
inquiet et enthousiaste

RENCONTRE

À Nils

une chevelure hirsute
dense
coiffée d'un coup de doigts machinal
et nerveux
quand ce ne sont pas les plis de la bouche
entre deux baisers
deux bouchées
deux verres
deux blondes grillées
deux images
deux projets
deux mots et plus
regard cerclé de douceur désabusée
d'amour feu follet
d'amour profond
d'amour intensément
d'amour
rêveur ou utopique
aux tendres effusions
lèvres rieuses
ou dubitatives

corps frêle

cœur fou
mais jamais flou
flamme à l'éthique enflammée
Paris brûle toujours
sous les pavés de tes pas énergiques
comment ne pas t'aimer
comment ne pas t'écrire
homme qui nourrit
ma Bohême
d'enfant insoumis
et
d'être
impossible

Aimer Marie

(2003 - 2004)

ET MAINTENANT

Où vais-je
dans cette vie qui m'arpège
je tangue je langue
sur cette vie qui me largue
quel jour me nargue
lorsque la nuit se targue
d'être le lit de l'amour
?
L'amour nous devine
entre les mots de nos lueurs
mûrir est une sueur
sur le solfège de nos cœurs
lorsque les doutes se meurent
dans le sang de la vie
où vais-je ainsi
?
Marie où allons-nous donc
mon cœur si fou
au corps si doux
mon âme de houx
aux sens debout
sans toi qu'est la vie
?

Marie tes seins de mangue fraîche
me manquent comme la pêche
au bas de ton ventre grège
sous le soleil il neige
des virgules en cale-sèche
la nuit va tomber
sur nos auras dépareillées
!
Je te cherche sous les draps
je te cherche contre moi
entre mes jambes entre mes bras
sur ma bouche sur mon sexe
dans l'obscurité de mon toit

mais ne trouve que tes parfums
et une promesse de lendemains
!
Marie l'amour nous prolonge
le bonheur nous allonge
quand le jour est la demeure
de nos songes rédempteurs
maintenant mon cœur
allions nos âmes sans peur

UNION LIBRE

Bander mon amour pour toi
bander mon désir de toi
bander mon bonheur
bander au seuil du réveil
bander dans les faubourgs du sommeil
bander par tes yeux de braise tendre
bander en plein jour
bander sous ta main inextinguible
bander pour te prolonger
bander sans force
bander avec foi
bander pour toi
bander pour nous
bander pour te rejoindre
bander afin de nous oindre
bander sous toi
bander entre tes bras
bander la joie de nous aimer
bander pour te remercier de me désirer
bander parce que tu me comprends
bander parce que tu m'attends
bander parce que c'est toi rien que toi
alors
à quoi bon bander
lorsque tu n'es pas là
bander mon amour
mais bander pour toi rien que pour toi
et moi

bander et me répandre
dans le lit de nos plaisirs d'ambre
bander pour t'entendre
soupirer et jouir
dans le miroir de nos chairs connectées
bander sans attendre
bander pour être soufflé par tes baisers
bander pour être aspiré par tes lèvres
bander pour être englouti et te rêver
bander par complicité
juste par amour

IL EST UNE FOI

Je crois en toi
comme je crois en l'amour
le sens de tes yeux
comme un fil d'Ariane
dans le dédale de mes peurs

Je croîs en toi
comme je croîs en ton amour
la douceur de ton âme
comme une caresse de fleur
dans le jardin de mes ardeurs

Je croîs en nous
comme nous croissons sous les rayons
d'un ciel de brume estivale
alors que le bonheur se construit
dans les à-coups de nos esprits

Je crois en nous
comme nous croyons au bonheur
d'un amour épris de vie
sur des vagues surgies d'ailleurs
là où la différence se rit du malheur

Je t'aime
tu le sais
ce n'est plus un secret
ce n'est plus nouveau
pourtant
plus je te découvre
plus je t'embrasse
plus je t'enlace
plus je t'aime
d'un regard néophyte
semblable à celui d'un enfant

j'aime tant ta voix au bord de la rupture ta voix en quête de voie de
toi de nous j'aime tant tes seins de glaise joyeuse et l'humus jailli
de la corolle de ton calice
j'aime tant ta chair crue ton corps démonstratif tes sens généreux
j'aime tant ta pudeur coquine et tes prévenances sans retenue
les jours sont fades les nuits vides la vie vague
sans la chaleur de ton aura ardente sans le rire de ton cœur à la
croisée de l'être
lorsque des arpents de terre et de temps nous poissent d'absence
j'ai un cafard de tombe en rade de vie
loin du chœur de nos regards en mal de cette lumière qu'irradient
nos iris
je ne suis qu'un Soleil en apnée éloigné de sa Voie lactée
un Ciel évidé de sa Lune
JE T'AIME

Marie ma danse du cœur
Marie ma tendre langueur
demain
si tu veux
je t'emmènerai là où tu pourras croire que le bonheur existe
et que l'amour n'est pas un leurre
je t'emmènerai dans un pré en fleur
cueillir l'amour et une vie en couleurs
je te coucherai dans la rosée d'un soleil levant
afin d'y rafraîchir le feu de ton sang
je t'allégerai de tes oripeaux surannés
dans un envol de rires et de baisers
je t'allongerai sur une couche de luzerne
aussi verte que les mélopées de ton cœur
je te pénétrerai par tous les pores de ton être
comme on se glisse dans une intime conviction
je te couvrirai d'égards et de lumière
avec des regards d'amour en diadème
je t'encenserai de poignées de « je t'aime »
que j'offrirai en offrande à la bohème
puis je t'emmènerai dans mes bras éthérés
sous un voile d'étoiles à peine réveillées
je t'emmènerai à l'autre bout de la terre
pour y explorer l'univers de tes mystères
Marie ma danse du bonheur
Marie ma douce ferveur
demain
si tu veux
nous ferons un brin de chemin sous le firmament
si tu le veux
seulement

Je me sens con
d'avoir peur de te perdre
alors que l'horizon se déplisse sous nos yeux
je me sens con
de craindre les lendemains
alors que ton cœur réchauffe mes mains
je me sens con
de penser que je vaux si peu
alors que je suis tant à l'aune de tes sentiments
je me sens con
d'être incapable de t'apaiser
alors que je mets tant de foi à t'aimer
je me sens con
mais le suis-je réellement
alors que mon âme croît insensiblement
entre tes bras si affectueux et si grands

CHOCOLAT

À Aline, mon affection

Aline
des révoltes entre les dents telle une fleur sous le vent
ou les brisants de l'adolescence
quand le cœur regrette les absences et les manquements de l'amour
Aline
à l'âge des idéaux théoriques
que l'on oublie à la première pratique
comme on oublie sa beauté élancée sous des flaques de complexes
dépassés
Aline
si belle et si vraie
dans la lumière scintillante de tes yeux en amande
et ta crinière en bataille
Aline
au doux sourire gêné par les entournures de la vie
tète l'amour comme aux plus beaux jours
d'un temps que le cœur déplore peut-être toujours
Aline

dans la spirale impétueuse du devenir
tu m'as tendu la main sans préjuger du lendemain
ni de la différence de nos souvenirs
Aline
vivre est un long travelling
un zoom sur l'avenir pris en contre-plongée
dans les faubourgs de nos désirs

        quand le bonheur transpire
        d'être si exigeant à construire
        j'ai envie de rire

VANILLE

À Gaëlle, tendresses

Gaëlle si forte et si frêle
tellement effacée et pourtant tellement réelle
femme-enfant déjà au tournant de sa vérité
quand les autres pensent encore à profiter
de qui de quoi ? profiter est sans saveur lorsqu'on a du cœur

Gaëlle une vie Océane entre les bras
tu avances sur un chemin parallèle aux couleurs multiples
crois-tu que le temps t'aime au-delà des apparences
jamais une plainte jamais un mot plus haut que l'autre
sous ta chevelure les pensées cheminent en silence

Gaëlle l'amour est imparfait et aléatoire
comme le temps qui porte notre histoire
comme l'horizon qui porte nos espoirs
comme le fleuve qui mène à l'accomplissement
comme la nuit qui estompe nos soupirs

Gaëlle à la douceur si belle
dans le jardin d'un cœur en bouton
le regard en point d'interrogation
la vie ne fait guère de sentiments
sur le tarmac de l'amour elle nous grandit
        simplement

PISTACHE

À Jean-Noël,

Jean-No généreux arbrisseau
la solitude de l'enfant entre les dents
qui mord la vie d'une intarissable litanie
comme si l'abandon couvait chaque jour
à chaque instant
le regard inquiet
de celui qui a connu les maux de la mort

Jean-No râleur malicieux
plein de vie
et d'amour
tant d'amour à fleur de peau et de cœur
enfant des étoiles surgi en un éclair
dans les bras de sa mère et la lumière de sa nuit
des temps
infinis

Jean-No craintif adolescent
aux ailes raidies par l'horizon qui l'attend
cette liberté qui lui tend les bras
et qu'il apprivoise avec la défiance
du marin
en mal
de larguer ses amarres
le regard doux comme l'amour
posé sur l'attente

Poésie
art de la méditation
que j'ai oublié dans le flot des jours qui courent
loin de l'amour
trop loin de toi

Marie, mon amour
des jours de sagesse mûre
et des instants de désir pur,
dès que nos yeux ne se tiennent plus
par le cœur de nos âmes,
je suis semblable à un adolescent
qui espère désespérément le retour
de ses premiers émois d'aimant.

Marie, mon cœur,
je ne suis qu'un ruisseau asséché
loin de la douceur de ton ombre de lumière.
Pourtant, le torrent gronde
dans ton esprit déchiré par l'enfer
d'un devenir où le spectre de l'entre-deux
blesse l'amour d'un dilemme insensé.
J'aimerais tellement t'enlacer.

Marie, ma chérie,
que m'importe de mourir puisque je t'aime tant
qu'être le cœur de ton âme
apaiserait les tourments de l'amour.
Vivre est une brûlure de l'esprit
qui embrase le sens d'une chaleur d'être
tandis que ta main glisse dans la mienne,
une perle sous ta paupière de cèdre.

Marie, ma vie,
ma tendre blessure, ma délicate douleur,
le duo de nos voies dans la voix de nos corps
entonne avec amour une cantate
de larmes et de joies. Mais ta détresse
me noie dans un flot de désarrois. Le bonheur
est à portée de main, mon ange, si seulement
le crépuscule voulait nous éclairer de sagesse.

Ne pleure plus, Marie,
je te prends dans mes yeux
avec la tendresse de l'épris.
Mon évidence qui coule de source,

entre tes bras, peu à peu se nourrit
de la certitude que l'horizon c'est
la lumière qui croit en toi, en nous.
L'amour est un rire qui nous marie.

J'OSE

La nuit
j'ose
les mots
qui se posent
entre la prose
de tes seins
comme un refrain

La nuit
j'ose
des lucioles
de verbe
qui glissent
à la vitesse de mes éblouissements
sereins

La nuit
j'ose
créer
mon amour
le jour
comme on recrée
la vie

Quel est ce cri qui jaillit
de nous
comme un bonheur infini

Le sens de l'amour
Est dans l'amour du sens
Notre essence
Ta présence
La lumière de l'autre sur le fil de la conscience
Ô confiance du vivre
Quand mourir n'est plus
Qu'une virgule sur l'horizon
J'aime croire à demain
A nous à vous à tout
J'aime croire que l'absolu est entre nos mains
Le sens de l'amour
Est dans l'amour des sens
Et si ta chair était mon chemin
Et si ton âme était mon destin

COMPLETUDE

J'entre en toi
Comme on entre en gare
De l'Est
En partance vers ailleurs
Un zest de moi sur l'horizon
J'entre en toi
Comme on entre en religion
Prosterné
devant ta finitude
L'amour n'est pas une habitude
J'entre en toi
Comme on entre en certitude
Quand les sens plissent
A l'infini
La vie

TRISTESSE

Les feux filent
À l'allure des roues qui foulent
L'asphalte de la nuit
La Belgique scintille
De chiures lumineuses
Sur des paysages ternes
La lumière transperce
Mes doutes qui roulent
À tombeau ouvert
Vers le vert d'espérances
Qui dansent
Dans le silence de la nuit
Au-dessus d'un plat pays
Qui n'est pas le mien
Les feux filent
Sur le fil que tisse
La vie
Que j'expire
Et si je n'étais rien

Marie
L'espace
Entre toi et moi
Marie
Le cœur n'y est pas
Comme un soleil qui vacille
Marie
Le corps ici
L'âme là-bas
Marie
Entre tes bras
Une danse de soie
Marie
Ma voie

De Haute-Savoie
Je longe la rive
De nos émois
Dans tes yeux de foi

Je me rapproche de ton amour
Comme le soleil du jour
Que valent les discours
Sans la chaleur de tes atours
Je cours vers le songe de tes rires
Il n'y a pas de sens sans amour

La voiture roule
Le bruit saoule
Un petit blues en fond
J'ai froid aux mains
Je suis parti avec ton chagrin
J'ai froid aux mains
Au fond de tes yeux
Brûle une peine de profundis
La voiture roule
Et je m'enroule
Dans l'idée de tes bras
Le bonheur grise
Je n'aime que toi
Un petit blues au fond de moi

Noire
Nuit

Nuit
Noire

Espoirs

des étoiles au firmament
et toi en avant
la neige qui tempête loin derrière
le bonheur qui s'étend loin devant
sous un ciel constellé de lucioles
que m'importe le temps qui défile
puisqu'il m'aspire à tire-d'elle
vers la lumière du désir
d'être
tout simplement
tout évidemment

nuit
noire

des espoirs au firmament
et une étoile en avant
j'aime le chant de la différence
dans le clair-obscur de nos assonances
que m'importe le temps qui nous égrène
puisque la beauté de toute chose nous sourit
d'un amour que rien ni personne ne définit
parce que l'amour est à la vie comme la mort est à toujours
qu'est la nuit sans le jour
que serait la vie sans l'amour

noire
nuit
qui file vers l'aurore
portée par la chaleur de nos corps en partance

Tes seins sous mes lèvres
tes seins dans ma bouche
tes seins sur ma langue
comme une friandise à l'alcool
de chair chère d'amour
amour des sens essence des jours
qui grise la frise de nos bises éprises
ta fleur sur mes lèvres
ta fleur dans ma bouche
ta fleur sous ma langue
comme un crustacé à l'ambre
ambre musqué ventre éclos
tu t'ouvres à l'étranger
l'étrange ramée du désir partagé
ta chair au clair de mon être
ta chair au foyer de mes yeux
ta chair au creux de mon rire
comme une parole incarnée
par l'alcool de nos baisers
baisers d'ambre éclos
lorsque le plaisir fait écho

RYTHME

Tic-tac
toc-toc
le temps frappe à la porte des jours
vieillir mon amour
sur le fil de l'éphémère
n'est rien mon amour
lorsque le bonheur sourd
comme une prière

Clic-clac
cha-cha
le désir déplisse le temps
t'aimer mon amour

sur le lit de nos corps
n'est rien mon amour
lorsque la tendresse court
comme une étoile du Nord

PAROLES CONFISQUÉES

À Christine

Parler souffrance
mots hachés torturés blessés
par le passé
trépassé
tous trépassés
mort-nés
comment naître
à soi en soi
le souffle s'essouffle
de survivre
les mains scandent
les yeux implorent
l'absence d'essence
la folie du sens
l'esprit s'effondre
litanie obsessionnelle
où l'âme lucide surnage si belle
où est l'avenir
si le présent n'y est plus
le temps n'est plus
y croire
il faut y croire
à la vie
parler souffrance
les mains scandent le silence
les yeux implorent la fêlure
parler construire introniser
son être mal traité
mal compris
mal appris
et vivre

handicapés parqués
confinés enfumés
dans le spectacle de l'indifférence
intoxication collective
où l'autre n'est rien
qu'une présence de plus
ou de moins
spectacle du chacun pour soi
où l'humanité s'arrête au plaisir
de quelques-uns la cigarette
entre les dents de la dépendance

handicapés parqués
confinés enfumés
Renaud entre les barreaux
le regard encagé
sur la plate-forme des méduses
mises de côté à part hors de portée
dans le spectacle de la différence
spectacle au rabais
certains s'amusent en silence
le corps affaissé par l'indigence
d'un bonheur contingenté

la douche pleure
sur une fleur
de chair femme
de chair à l'âme
la femme s'effleure
la chair en cœur
la douche pleure
des bulles de délice
sous la lumière d'un cœur
à la chair en joie
les seins gouttent
les poils doutent
l'eau ruisselle
ritournelle
les mains dansent d'élégance
les doigts pensent le corps
la femme fredonne
sous sa chair en soie
l'espace est suspendu à sa voix
elle est nue comme le bonheur
d'être soi
un instant d'intimité
la douche pleure d'allégresse

Tes seins en décor
le soleil au-dehors
la vie tout simplement
accrochée au firmament
de mes yeux
le bonheur est une chaleur
qui vous saisit de l'extérieur
une fleur portée par le vent
le vent du cœur
vivre est un partage
tes seins en essor
la lune aux abords
l'amour tout justement
suspendu à la voie

Qu'importe les détours
l'amour nous rattrape toujours
au détour
d'une rencontre d'un rire d'un jour d'une joie
d'un regard
de toi de nous de vous de tout
tout est si pur sous l'azur
tout est si sûr
entre les bras du cœur
dans la voix du corps
la chair des mots
Qu'importe les méandres
l'amour nous attrape tendre
au centre
d'un duo

Tapis de neige
tapis blanc
tapi là-haut
tapi là-bas
dans le froid bleu
d'un horizon éclatant
comme ses yeux
par la vie retrouvée
La vérité de l'être est immaculée
mais être est si fragile
tant l'être est précaire et aléatoire
L'esprit attend la fonte des neiges
sous un soleil dansant
son âme renaissante
La sagesse je crois
est de reconnaître ses faiblesses
et de s'abandonner dans la neige
les bras en croix

ÉTREINTE

Nuits sans toi
nuits sans bras
nuits sans corps
nuits sans chair
jours froids
soleil éteint
sans chaleur
sans fleur
jours en demi-teintes
nuits sans sueur
nuits sans lueur
nuits sans douceur
nuits sans saveur

Demi-sommeil. Sommeil sans tête. L'absence entête le cœur d'une sorte de pesanteur. L'attente égrène les heures. Le temps n'est plus qu'une question de ferveur. À la faveur d'une pensée. Senteurs de nos âmes. Bonheur de l'entendre. Bonheur de la savoir si tendre. Avoir envie de s'étendre. Contre elle. En elle. En nous. Et l'espérer. Demi-sommeil. Sommeil sans rêve. L'absence enfante-t-elle l'amour ?

J'attends le jour. J'attends le retour. J'apprends l'oppression du silence. J'apprends la nuit sans toit.

Et ton regard comme une ardeur posée sur moi...

Soleil d'hiver
froide chaleur
l'humain n'est rien que son propre malheur
fade humanité
aux forges de son ailleurs
pourquoi tant de souffrances
quand il suffirait de si peu pour honorer le bonheur
vies indigentes
à force de tergiverser
l'homme n'est que victime de soi-même
la proie de l'ombre qui l'habite
et qu'il nourrit
seule la parole transcende
telle une épiphanie
les mots engendrent et les actes sont le compas de l'être
devenir
sublime devenir

COMPLICITÉ

Avoir une femme dans le cœur
tout au fond du bonheur
avoir le soleil en soi
et des lendemains de soie
avoir incarné l'amour
d'un amour incarné
et
être l'incarnation d'un sens
aux seins évasés
être le continent d'un être
femme infiniment
être sa voie du cœur
et la voix de son désir

la vérité d'une vie
n'est que dans la complétude
de deux âmes en partance
la semence de leurs rires
la vérité d'une vie

tient à si peu de chose parfois
deux regards croisés
deux regards brûlants
de reconnaissance spontanée
une évidence à laquelle on ne peut échapper
on ne veut échapper

Je roule vers un destin
je roule vers vous
je roule vers nous
vers un festin fou
d'amour et de vie
de bonheurs épris

le bitume écume
mes envies d'espace
je roule et j'avance
sur la voie de la confluence

vivre est un risque dès la naissance
autant vivre en toute confiance
surtout si l'amour est entré dans la danse
je danse la vie dans le cœur de ton être
je danse sur la chair de notre sens à naître
vivre est un feu qui nous déploie

je crois en toi
comme je crois en la vie

RECRÉATION

Fer et défaire
c'est toujours s'égarer
du chanvre autour du sein
elle s'encorde à la nuit
s'accordant aux transferts d'une chaire
livide
aux travers d'un ubac patraque
qui écope le jour   le désir lourd
il est des amnésies qui crient

La corde autour du cou
j'attends son aura
j'aspire à son aura
à la chaleur de son corps
au décor de son être
à sa source
demain peut-être
demain
si fer et défaire
la feront renaître

dans mon cou un sein halète...

BATAILLE DE CHAIRS

Labourer ses entrailles
et juter ma bataille
dévorer sa lactescence
pour combler l'absence
je vais
je vais
fouiller du sens
pour couvrir le silence
et labourer ses entrailles
juter ma bataille

avec un entrain bestial

une rage animale
hurler l'aube bancale
d'un arbre vénal
je vais
je vais
la sillonner la fougue au corps
pourfendre nos humeurs
avec un entrain bestial
une rage animale

BOTANIQUE

Le soleil se lève
le soleil se couche
depuis des jours et des nuits
un roseau s'englue dans la glaise
d'un soupir éconduit
Alentour la vie vrombit

Il n'a d'yeux que pour la fleur
qui s'effeuille peu à peu
par manque d'envie ou de feu
pendant qu'il s'écrie : « J'existe ! »
Tel un grand dadais imparfait
un pauvre niais qu'il est
d'oublier qu'il ne suffit pas d'être érigé
grand et fort sous le soleil
pour qu'une rose vous fasse ses hommages
L'harmonie d'un bouquet a un prix

Le soleil se lève
le soleil se couche
sans autre souci que de réchauffer
des corps meurtris
des corps épris...

FRAMBOISE

Elle a une couleur très rouge
rouge carmin presque violacée
ronde et rutilante à souhait
elle se tend vers ses lèvres évasées
à se lécher les babines
à la seule idée de la lécher
à petits coups de langue câline
posée sur son cornet
qu'elle saisit d'une main gourmande
d'un geste de gourgandine
et elle se met à la suçoter
un soupir réjouit au fond de la gorge
tout en payant son écot
autour d'elle il fait chaud
il fait bon...
Elle peut savourer son goûter.

RÉVEIL

Deux seins le matin
alanguis et chauds sous un drap mutin
tendent soudain le satin
de leur chair engourdie
offrant la douceur de leur galbe
à la lumière d'un jour à peine réveillé
par une pénombre matinale un peu grise

L'espace d'un mouvement fugace
ils se révèlent brièvement en s'étirant
au gré d'un profond bâillement
                puis
            avec un soupir alangui

elle se retourne
enveloppant machinalement
        ses seins au creux de ses bras
deux seins le matin
se rendorment jusqu'à midi
au moins
il est trop tôt pour s'engoncer dans la vie

DE JOUR EN JOUR

Le jour qui verra le jour d'un amour sans possession ni suspicion
le jour qui verra le jour d'un amour sans détour ni contre-jour
ce jour-là ma douceur mon amour en fleurs
je crois que je poserai mes mots sur un coin de mon bureau
et nous cheminerons sans regret vers un amour chaleureux
où aimer nous permettra d'exister sans craindre de nous égarer
dans les méandres tortueux de nos esprits torturés d'avoir trop aspiré
à la perfection des cœurs à un idéal du bonheur
mais ce jour-là est-il à la portée de nos mains d'incrédules
que tout porte à croire que l'idéal n'existe pas...
sauf peut-être le temps d'être entre tes bras au fond de nos draps à l'heure
où
le jour voit le jour de notre amour renaissant des cendres de sa nuit
et si reconnaissant que le jour revoit le jour autour de nous
même si c'est sur l'imperfection de notre bonheur toujours aux portes
de sa création incessante et inlassable de notre re-création
comme le jour qui tend chaque jour vers un autre jour
un jour qui verra le jour d'une affection sans condition ni ambition
un jour qui verra le jour d'une affection faite d'attentions et de séduction

LA COMPLAINTE DU CHEVALIER SANS SOU

Laisser une trace dans le sillage de son passage
passager éphémère de sa propre existence
et graver le silence de son absence
miserere nobis
être un Chevalier sans sou
qui se nourrit de la valeur d'une médaille d'apparences
d'un peu de ferraille pour calmer la faim de son destin
miserere nobis
le Bossu est décoré comme un sapin qui s'écrie
« si tu ne viens pas à moi, j'irai à toi »
et tout ça pour laisser une trace à peine plus large qu'une cause
miserere nobis
une cause parmi tant d'autres sur le front des gueules cassées
par la vie ou par le dépit de la vie ou le déni ou ce que tu veux
de toute façon « cause toujours, tu m'intéresses »
miserere nobis
laisser une trace dans le sillage d'une image fugace
ou sur l'épitaphe en aparté d'un discours bien ficelé et toujours
plein de regrets pour celui qui s'en est allé vers l'Intemporel
miserere nobis
consolez-vous : j'irai graver sur vos tombes
toutes les interrogations humanistes et amorales
que je trimbale comme des casseroles pleines d'ivresses sociales
miserere nobis
Chevalier sans sou ni loi
cherche le sens de sa foi et le foie de son sens
face aux misères qui ploient sous le non-sens
miserere nobis
tous ces moulins à vent pour autant de courants d'air
semblent dans l'air du temps et de nos travers
je me sens si con d'être épinglé en deuil de mes frères
miserere nobis
j'ai même plus de quoi me payer un amer-bière
j'ai investi mes derniers deniers dans une décoration
mais heureusement il me reste les étreintes de la passion
miserere nobis

SOUS-BOIS

Une biche brame
au fond de la soie
crescendo son petit
clito rit et gambade
gambade autour d'elle
gorgé d'ivresse et de vie
en des contrées si inouïes
qu'elle brame de plus belle

Attisée la biche en aparté
s'égaie dans le broussailleux
d'une forêt sens dessous dessus
où elle brame et rit toute nue
à petits coups de cul dans l'Aurore
minuscule d'un si bel élan majuscule

HÉRÉSIE

Baiser la lune à coups de reins dans sa face cachée
par des toits enneigés
baiser la lune à peine couché le corps en feu de paille
le cœur en jeu de quilles et l'esprit meurtri

la mort tapie à chaque coin de vie
impassible et insensible
violences maladies tueries pendaison accidents famines folies
la litanie des réjouissances est infinie aussi infinie que l'agonie des
jouissances
mais il y a un sens à tout c'est promis
il y a toujours un sens à la souffrance et à la déchéance
à l'insoutenable légèreté de l'ignominie
prêchent les convertis et les érudits qui étudient les cris d'effroi en
silence

en fait il n'y a que les mécréants pour baiser la lune et mars
également
afin d'oublier les non-sens qui plument des chairs interloquées
par les égarements putrescibles d'existences sans égard ni vérité
absolue
la mort est infaillible pas la vie pas le passage entre avant et après
entre ce que je sais et ce que je ne saurai jamais faute d'avoir
compris
le sens de l'existence ou l'existence du sens

baiser la lune et mars accessoirement
à coups de langue éperdue avant que le soleil
ne se rallume sur un monde d'infortunes
et puis baiser la plume
avec la vigueur d'un dératé qui tète l'amour
comme si c'était la seule potion d'éternité
sous la lune

JAVA

Juter dans la jatte
un jet juteux
juste pour jouir
d'un jeu à deux
avec une chatte
du feu de Dieu

C'est la java du javelot
jouisseur d'un jojo
qui jacte à une javanaise
juste en jarretelles et justaucorps
c'est la java des joueurs de cor
un jour de jubilations joyeuses

LE CRIC DU CRACK

Un cric croque
dans la crique d'un lit
une clique de choc
en cloque d'envies
comment ?

Crac-crac
fait le cric crack
qui craque pour une « Spok[1] »
à la croupe crue accroc
à qui ?

Et le cric à cul
croque à cru
de craquantes croqueuses
à la croupe rockeuse
de quoi ?

Crac-crac
les croqueuses rockeuses
font des trocs de trucs
sur une trique à cran
quand ?

Cric crac croque
une nique accrue
par des traques de crics
sans trac ni truc
où ?

---

[1] Léonard Nimoy dans *Star Trek*.

VACUITÉ

Rien
la pendule s'égrène
tic tac toc
rien
le temps s'épuise
en tics d'ennui
tac d'envies
toc de nuit
rien absolument rien
les jours s'amenuisent
tic tac tic tac
rien de rien
que des soupirs qui s'enlisent
le sens du temps qui s'étire
sur une pendule qui s'épuise
tic tac toc
toc toc
je suis là
dans la tactique d'une vie
pendant que le ciel se grise

LA COUPE EST PLEINE

Un mâle   des maux
Doux   amers
          À tort   et   à travers
                   Maudits   mots dits
                      De surcroît
                        Mal dits
                          Par
                          Un
                         Mâle
                       D'émaux
          Qui boit la vie jusqu'à la lie ou... jusqu'au hallali
L'homme est mâle dans sa peau mais le sait-il vraiment ce mâle
nécessaire ?

ÉPHÉMÉRIDES

Abandonner les difformités de sa carcasse
se décarcasser d'une vie accomplie et imparfaite

suspendue entre ciel et terre cette terre pavée de trop d'intentions
pour ne pas se dissiper dans ses attentions
consumer ses ultimes ambitions dans un brasier sans illusions

un jour ou l'autre l'éphémère s'enchevêtre dans l'éternité
une éternité à peine voilée par des nuages grisonnants et l'infini
étoilé

de carcasse en carcasse de passage en passage
exister est un éternel recommencement aux confins du Mystère
inconscient

J'ai rangé mon âme d'enfant depuis bien longtemps
à moins que je l'ai perdue dans le cours d'une vie tumultueuse et
éperdue
mais à trop chercher le sens peut-être perd-on le fil de l'essence

suis-je déjà trop vieux pour encore espérer autre chose que des
coups
et des déchirements d'âme en mal d'apurement ?

DISPERSION

Marie par-ci Marie par-là
Marie n'est pas ici Marie n'est plus là-bas
Marie partout Marie nulle part
Marie sur le départ Marie sur le retour
Marie qui court pour ne pas boire
la trace qui la noie à petits pas traque
Marie vaque Marie craque
Marie ressasse Marie tracasse
Marie contours Marie détours
Marie ressource Marie débourse

Marie je t'aime sens dessus dessous
bien que le sens échappe à tout...
Surtout à toi
à moins que ce soit à moi...

Croque la vie Marie
vraiment !
Je ne t'en voudrai pas.
La vie non plus

ÉSOPE ET COMPAGNIE

Un âne dans un pré
se dit en ruminant :
oh la vache elle m'a posé un lapin
cette crevette bonne à rien !
quand il la voit enfin arriver
en crabe sur le chemin
qui lui dit en prenant des pincettes :
mon canard, tu vas bien ?
Et lui qui biche comme un paon
J'avais une fièvre de cheval ce matin
continue-t-elle en pince-oreilles
le bec accroché à son pavillon de baudet
qui se prend pour un étalon
Mais je vais mieux mon pigeon gris
depuis que ma chatte a repris vie
faisant mouche aussitôt chez le bourricot
viens mon lemming allons réviser
notre anatomie conclut la pie volage
tandis qu'un peu plus loin un ours mal léché
remonté sa fourrure avec un sourire carnassier

PLUIE

La pluie
la nuit
berceuse de vie

Je cherche la veine
d'une vie qui va
qui va sans peine
sous une ondée de bras

La pluie
le jour
tambourin d'amour

Il a plu des cordes de mal amour
il pleuvra des torrents de désarroi
qui tomberont gouttes à gouttes
comme tombent les doutes
dans le lac de nos bras

La pluie
la nuit le jour
averse de vie

J'aime la fraîcheur troublée
par un flot de larmes célestes
qui nous désarment et nous délestent
mais que j'aimerais jouir
sous une pluie radicale
qui pulserait nos âmes

Averses
musicales
au rythme tropical

L'acmé sensuelle
sous une pluie diluvienne
dans l'odeur de l'humus et du vent
fouettés ardemment
par l'abandon à nos sentiments
j'aime la pluie
pourtant...

LE MALHEUR D'AIMER

Comment dire ce que l'on ressent
sans blesser les sentiments
sans semer le doute et susciter des jugements
comment être soi sans tuer l'autre

Comment dire « je t'aime » sans provoquer de dilemme
comment donner sans perdre
ne pas perdre l'aimée parce qu'on s'est lâché
pauvre insensé qui se veut libérer
on ne le peut pas

Liberté que ne fait-on en ton nom
l'amour porté bien haut sur l'horizon
de trop d'illusions
j'aimerais tant être libre
mais libre de qui ou de quoi
si ce n'est de moi

Il ne suffit pas de proclamer l'amour
pour que l'amour aille de soi
il est trop conditionné et conditionnel
pour être libéré de tout
dites-moi pourquoi

Je suis fatigué d'être fou ou truqueur
à force d'entendre louer ma sagesse
je flirte avec la démesure des mots
ces mots qui ne sont qu'une source de maux
dès que l'on perd le sens du bienséant

Je ne sais pas je ne sais plus
si ce n'est que l'amour qui blesse
n'est plus de l'amour
c'est un discours...

Vous savez
j'ai peur maintenant
de dire tout simplement « je t'aime »
être mécréant inconscient dément

mais pas bêtement blessant

L'amour à un prix assurément

DE PROFUNDIS

Le désespoir vriller au corps
une main contre ses seins
il s'endort
emporté par les tourments
de la blessure infligée
bêtement

Insolence de la fatuité
que de se croire libérer
il s'endort
une main contre ses seins
si innocents et doux
profondément

Pour se réveiller le cœur errant
dans la sidération du mal accompli
hagard et chancelant
les seins étaient partis
dans le brouillard de la nuit
des tant

Pour se réveiller l'esprit en sang
d'avoir broyé l'amour
sur un coup de sang
et d'euphorie sentimentale
regardant s'éloigner les seins
tristement

Il est difficile d'être grand
encore plus d'être intelligent
lorsqu'on se veut aimant
et qu'on manque passablement
d'un doigté à l'allant
responsable

Faut-il plaider coupable
définitivement
ou s'ouvrir différemment
à la sagesse d'une maturité
en quête d'exister
vraiment

Je voudrais être lumière
Uniquement

ANGOISSES AFFECTIVES

Comment pourrait-on me comprendre si je ne me comprends pas ?
La vie n'aime pas les certitudes ni les utopies d'un autre temps. Elle
s'ingénie à les bousculer ou à les briser d'un coup de dents. La vie ne
fait pas de sentiments. Elle veut aller de l'avant. Elle veut le chemin
pas le festin. Point de roucoulades ni de serments, de plans sur la
comète et de châteaux en Espagne, elle vous aspire en avant
irrémédiablement, dans le sillage d'un destin cuisant. Un destin n'est
pas un festin, malheureusement.
Tant de souffrances, de désarrois et de chagrins pour grandir à soi et
aux autres. Tant de blessures infligées et reçues pour ne pas dévier
de ce qui est écrit au firmament. On me veut sage et je suis fou,
jusqu'à l'aveuglement par moments. Dieu, suis-je à Ton image,
vraiment ?
Si vous saviez comme j'ai peur de l'ascèse et du dénuement, peur du
manque et de l'isolement. À la folie par moments.

Comment pourrait-on me comprendre si je ne me comprends pas ?
À vouloir trop de liberté, on oublie certaines vérités. Que la vie
s'ingénie à vous rappeler inflexiblement. On oublie trop souvent que
toute liberté est caduque lorsqu'elle est eunuque. D'ailleurs qui suis-
je pour prétendre détenir une vérité ? Rien que le fruit d'un destin
enchevêtré dans l'écheveau de contradictions rances. Rien qu'une
âme parmi tant d'autres essayant d'apprivoiser son chemin, ni plus
ni moins. Dieu que je suis insensé ou utopique à croire que ma vie
m'appartient, vraiment.
Je ne suis qu'un enfant grandi dans les déchirements et le délitement.
Je suis le jouet de mes tourments. Un tourment en quête d'un amour

chimérique, d'un autre temps probablement ? Car il ne suffit pas d'être aimant pour être aimable, encore moins pour être absout de ses égarements. On ne joue pas avec les cœurs innocents. Ni on ne change le monde, c'est le monde qui vous change.

Je me suis cru libéré de tout, je ne suis libéré de rien, ou si peu. Comprenne qui voudra mais, ballotté entre Lucifer et Ahriman[2], j'ai perdu le sens de l'âme.

Comment pourrait-on me comprendre si je ne me comprends pas ?

Si vous saviez combien je suis affamé d'affection, jusqu'à la déraison parfois. Je suis une fresque chaotique à force d'enfreindre le basique, je suis une utopie naïve et aveuglée par les sentiments.

J'ai si mal à mon intimité, celle que les circonstances m'obligent à partager. Que peut être dans ces conditions un jardin secret, si ce n'est une illusion, ou une intime circoncision ? À force de dépendre, de n'avoir rien à soi que des mots et des mots, du bla-bla, du tralala et des sentiments à gogo, on se creuse et on se grise l'ego de séduction pour mieux aseptiser les maux.

Il pleut des trombes sur le désespoir. Je l'ai blessée sans le vouloir. Le mâle a frappé broyant l'espoir. Qui croire ? Comment croire ? Des mots, encore des mots. Je suis petit, je suis défait par la blessure que j'ai faite. Je suis brisé, anéanti, de t'avoir nui toi qui m'as rendu la vie, le sens et la foi. Être maladroit mais pas blessant, bête mais pas méchant... Dieu, ne suis-je qu'un mécréant ?

Je suis un gouffre de sentiments...

Comment pourrait-on me comprendre si je ne me comprends pas ?

Je lègue à mes enfants, à tous mes enfants, et à tous ceux que j'aime profondément, une brassée d'utopies et de maladresses pathétiques en guise d'héritage. Ne les jetez pas au vent de l'indifférence, ils m'ont appris l'insignifiance de l'apparence, celle qui blesse en silence et ardemment. Bien sûr, je me suis dressé contre la fatalité pour mieux oublier l'altérité mais que peut-on faire contre les écorchures du temps oppressées par des terreurs d'enfant ?

Quelle est cette spiritualité qui m'interpelle au fil des ans ? Quel est ce sens qui m'appelle ? J'ai tant voulu affronter les impossibles que j'en ai bien souvent perdu la saveur du possible.

---

[2] Pour plus de précisions lire : De la nature des Anges, Rudolf Steiner, Éditions Anthroposophiques romandes, 1996.

Certes, j'aurai aimé passionnément la vie et l'amour mais il ne suffit pas d'aimer pour être compris et aimé pareillement. Surtout, lorsqu'on oublie qu'il ne suffit pas de penser pour être, la pensée juste est un diamant. Il faut partager abondamment. Et ne pas craindre les jugements. Je les ai tant craints finalement.

Mais il faut fuir la morale pour la moralité. Ne donner de leçons qu'à soi-même, autrui est là pour nous grandir après tout ; le plus souvent malgré nous.

Une dernière chose : rien n'est pire que de mal aimer, pourtant on ne fait que ça.

Et puis, je vous en prie, écrivez sur ma tombe : « Je t'aime », tout simplement. Afin que l'éternité soit un apaisement.

AU BONHEUR DU PÈRE

À mes « cinq enfants »

Père de sang père de cœur
père comme une évidence
née d'une conviction intense
générée au fil du temps
Bonheur irremplaçable que la paternité
lorsqu'elle est assumée pleinement
c'est-à-dire lorsqu'on se sent vraiment
être père tout simplement
Bonheur ineffable que de voir grandir
et mûrir à la vie le fruit de l'amour
qu'on soit père de sang ou père de cœur
et sentir leur amour leur complicité
vous caresser tel le soleil en été
vers l'heure du crépuscule
quand il est le plus exubérant
pour le regard et les sentiments
quand il est plus sage évidemment
car la paternité a besoin de temps
pour s'épanouir sereinement
et savourer le bonheur d'avoir engendré
un peu de sens et de couleurs

SANS QUEUE NI TÊTE

Agile
le soir tombe
sur un jour dégoulinant
de pluie
d'août

Ah ! Le con qui s'adore
sur la queue nouille
qui s'endort
le cul terreux

– avez-vous remarqué
le con est masculin
et la queue émasculée
c'est rigolo, non ? –

Queue dalle qu'elle s'écrie
je suis mâle avant tout
et moi
qu'est-ce que tu crois
que je suis mère au foyer
de ton papa
dit la lune
au noyer de joie

Agile
la nuit s'étale à l'infini
engloutissant un jour
fini sous la pluie

Heureusement
il en est du plaisir
comme de la vie
il doit mourir pour mieux renaître
même sous la pluie

CHANDELLE

Les nuées pleurent leurs désarrois
sur un parterre de fleurs en mal de soie
pendant que l'orage gronde sur nos émois
suis-je aussi immonde que je le crois
d'avoir oublié que l'amour qui nous féconde
est trop frêle pour négliger cette retenue-là

Je n'ai rien oublié je crois ou si peu peut-être
j'ai brûlé la chandelle par les deux bouts
négligeant qu'il est des lumières si fragiles tantôt
qu'elles supportent avec peine qu'on fasse de l'ombre à l'ego
qu'un peu trop d'échos amoindrissent parfois
pourtant il n'y a pas d'ombre sans lumière
et vice versa

La finitude est une aspiration pas une réalité
une douce illusion qu'il est bon de creuser
pour aller au bout de soi
de sa vérité
vivre est expériences
je crois

Expériences déposées en nos mains
par le souffle d'un chemin si divin
lorsqu'il s'ouvre sur un horizon
en colimaçon d'amours à l'unisson
aimer est si simple et
si compliqué à la fois
dans l'écheveau de nos émois
...

SANS ILLUSION

Je ne suis pas unique et ne tiens pas à l'être
pour être unique il faut être parfait
comment pourrais-je avoir une telle prétention
alors que je suis juste perfectible
il ne faut pas être unique mais compréhensible
et sans exclusive

Que ferait la fleur sans pluie
ni soleil ni vent ni lumière ni pénombre ni abeille ni papillon
elle mourrait irrémédiablement
la vie est un tout un entrelacement d'élans et de sentiments
elle a certes besoin de se nourrir de pluie
mais aussi de soleil de vent de lumière et de pénombre
d'avoir pignon sur jardin et les doigts du maître de céans

Lorsqu'aimer se conjugue avec possessivité
il faut avancer dans l'adversité
ou reculer et renoncer
à s'épanouir dans le pré de l'immensité
j'aime la lumière qui nous éclaire
et l'ombre qui nous grandit
j'aime la vie que vous m'apportez

Qui que vous soyez
acceptez-moi comme je suis
j'aime la vie qui nous lie
sur le fil ténu des sentiments
aimer est une polyphonie
qu'il faut préserver
de sa propre cacophonie

Comment ?

EXISTENCE

Vie de folie
folle vie
d'où venons-nous pourquoi
cet éternel recommencement
initiatique épopée à se chercher
à se perdre et à se retrouver
vie de folie
folle vie
qu'aurons-nous appris au bout du compte
que le compte soit grand ou petit
qu'aurons-nous appris
entre rires pleurs douleurs et amours
à courir après nous-mêmes
vie de folie
folle vie
qu'en restera-t-il au Firmament
après des années éperdues
à essayer de comprendre
le sens d'un passage livré aux aléas
d'une destinée imprévisible

Tout compte fait
le plus grand risque est de naître...
sans jamais être vraiment...
autre chose qu'un mort-vivant

SUPPLIQUE D'UN AFFAMÉ

Baise-moi
par en haut par en bas
sur le dos ou sur le la
baise-moi
comme une morte de faim
dans un crissement de drap
baise-moi
à faire hurler le silence

en mal de toit à nous
emporte-moi
sous le poids haletant
du « jouir » à fleur de toi
enivre-moi
des myriades de sacrilèges
de luxures irrévérencieuses
baise-moi
jusqu'à l'engloutissement
de mes ultimes insistances
pour mieux m'abandonner à toi

UNE ÂME

À Marie douceur

D'où te vient cette générosité
cette bonté naturelle qui émane de toi
et nimbe de grâce le moindre de tes élans
la plus petite de tes prévenances
fusion de grandeur et de douceur à la fois

il est des anges de chair qui gravitent avec bonheur
telle une atmosphère légère autour d'un cœur

Il est des bontés des aménités
plus proche du Ciel que de la Terre
un don de soi presque surnaturel
capable de vous apaiser sans en avoir l'air
un refrain spontané où aimer ignore l'amertume

il est des anges de chair qui gravitent avec bonheur
telle une atmosphère légère autour d'un cœur

Que j'aimerais avoir une telle bonté
cette générosité d'âme née de l'évidence d'aimer
malgré tout par-dessus tout
parce que donner est plus fort que prendre ou attendre
je n'ai pas la simplicité des généreux ici-bas

il est des anges de chair qui gravitent avec bonheur

telle une atmosphère légère autour d'un cœur

Je suis un mécréant sentimental
livré au vent de la vie   éperdu et impétueux
je suis amour et tourment doutes et sentiments
s'épanouissant avec allégresse et allant
sous une aile déployée généreusement

... Si généreusement...

JALOUSIE

Tout amour est spécifique et original. Il est impromptu et insolite. N'est-il pas dit : « Un seul être vous manque et tout est dépeuplé[3] » ? Dépeuplé et désespérant. Désespérément vide de sens et de vie. Car moins éclairé et vivant. L'amour n'est-il pas le mouvement et la semence perpétuels de toute existence ?

L'amour est partout.
Et l'Homme est un animal comme un autre, ni pire ni meilleur, si ce n'est que c'est un puits de sentiments débordants et déroutants.

L'amour est partout et nulle part.
Il est ou il n'est pas. On aime ou on n'aime plus. Mais on n'aime pas à moitié, car l'amour, quel qu'il soit, ne se brade ni ne se bride, il se vit en toute humilité. Partant, un amour qui se justifie n'a plus guère de sens puisqu'il se salit lui-même.
Il s'épanouit dans l'harmonie où s'étiole dans la camisole ; la camisole de nos sentiments d'Hommes – petits humains fragiles et vrais engoncés dans leurs blessures d'antan, morsures d'un autre temps qui les poursuivent avec mordant. Jusqu'à l'aveuglement parfois.

La vie m'a appris qu'il y a tant de façons d'aimer. Et une seule pour le dire simplement. L'amour est si exigeant : il se conjugue à tous les modes et, néanmoins, il est toujours unique et différent, si différent. Il peut se donner pas se prendre, se recevoir pas se posséder. Et vivre aux aguets l'étouffe et le broie douloureusement.

---

[3] Alphonse de Lamartine, Méditations.

Pauvre de nous qui avons si peur de perdre le peu que nous avons le sentiment de posséder que notre vie ne cesse de se sentir castrée au moindre branle-bas de nos certitudes lénifiantes. Pourtant, nous ne possédons rien ni personne, excepté nos sentiments, et encore. Et même nos sentiments ne seront plus un jour que des poussières de souvenirs et de regrets éternels dilués dans la mémoire du temps, la nostalgie prégnante des aimants.

Pendant que l'Amour, lui, continuera patiemment à étendre sa main sans exclusive ni distinction pour les siècles des siècles.

Dès lors, comment aimer sans frustrer, ni blesser, ni léser les sentiments de l'aimé(e), inutilement, vainement ? Rien n'est plus ardu ni plus ardent qu'un amour juste et authentique simultanément. L'amour n'est absolument pas comparable, ni remplaçable évidemment. Mais, pour adopter l'amour juste, il faut être grand. Et je suis modestement petit. Si ! Si ! Si petit que j'ai du mal à me penser à l'image du Grand. Car si je suis à son image, je le plains infiniment. Il est Tout, quand je ne suis rien qu'un grain de vie itinérant, une âme en escale sur la route de son devenir. Pour devenir quoi au juste ? Seul Dieu le sait, assurément.

Ici, il faut que je m'arrête un instant, le temps de m'interroger sur le Genre du Tout-Puissant ? Pourquoi Il n'est pas Elle ? Pourquoi Lui colle-t-on une barbe censée symboliser la sagesse et un courroux paternel plutôt que des seins symbolisant l'abondance et une douceur toute maternelle ? Quel est ce machisme récurrent qui siffle sur nos têtes et nous enjoint religieusement d'être des hommes, des vrais, non de non ! J'oserai même aller plus loin : pourquoi le Tout ne serait-Il/Elle pas Androgyne ? Elle/Il serait alors vraiment Un Tout, peut-être plus apaisant après tout pour le commun des mortels ?

Je suis l'amant de la vie et du vent, un amant déconcertant.

Tellement jaloux en son temps, qu'il en mourait intérieurement. Avant d'apprendre à croître et à aimer autrement, bon an mal an, bon gré mal gré, à coups de rage de cœur, de nœuds au ventre et à l'esprit. La jalousie ne se pense pas, elle se vit et se subit comme un étouffement sentimental, né de la peur d'être moins ou plus du tout, de perdre et d'être abandonné irrémédiablement à soi-même, avec ses peurs d'enfant.

Je fus si jaloux en son temps, à en mourir intérieurement. Et j'en suis mort finalement pour mieux renaître sereinement. Grandir bon an mal an, bon gré mal gré le frein de nos sentiments.

J'aime maintenant. Profondément.
Mais qu'il est dur et difficile de devenir un peu plus grand, même humblement... Il est vrai qu'on n'est pas Tout, malheureusement !

Entre nous : j'aime ta jalousie, elle me donne une importance que je n'avais pas, même à mes yeux. Elle donne de la chair et du sel à l'amour qui nous lie.
Jalouse-moi encore.
Je t'aime tant.

VENDANGES

L'homme nouveau est arrivé
en avance sur le calendrier
il a du corps et du goût
un corps plus léger et un goût plus corsé
certes il ne vaudra sûrement pas
un bon beaujolais bien fagoté
mais il a gagné cependant à mûrir
à force de tourments et de tournants
de bonheurs radieux également
vigneronnes et vignerons
ne le piétinez pas négligemment
dans la cuve des sentiments
l'homme comme le vin
a besoin de temps pour être savouré
pleinement

Santé !

Je vais prendre un verre
un homme nouveau ça se fête
qu'en pensez-vous ?

ANGES

À JEGIMC...

Quels sont ces anges qui me donnent des ailes
nourrissant mon âme d'une douce ritournelle
il fait si bon être le sujet de toutes les attentions

Quelle est cette vie qui me ravit
moi qui ne suis qu'un atome hardi
emporté par le courant d'une constellation

Quels sont ces anges qui m'interpellent
de leurs mains qui m'illuminent tel
un mécréant sur la voie d'une rédemption

Quelle est cette vie qui me séduit
en m'entraînant sur un chemin que je suis
avec dans le palais une intense délectation

Quels sont ces anges venus d'un Gange sensuel
sur une barque à l'étrange empathie naturelle
le bien-être n'a pas de prix il est expansion

Mais quels sont ces anges qui jalonnent mon existence...

Anges de chair et de cœur aux confins d'un destin
vous faites de ma vie un détonnant festin
où grandir est un chemin d'espérances

Qui suis-je pour mériter autant d'attentions
dans un monde sans concession

Je suis la Vie
tout simplement
– si tant est que la vie soit un tantinet simple –

RÉALISATION

À Marie-Line

Lorsque Marie rejoint Line
la femme devient soi
soie d'être au sortir d'une chrysalide
comme un papillon en mal de Paix
si beau et si vrai
dans ses rires et ses regrets

Lorsque Marie rejoint Line
le tout peut devenir Un
et la tendresse qui surgit unanime
de mon âme féline
s'épanouit devant son être
si beau et si vrai

Lorsque Marie rejoint Line
la douceur devient splendeur
entre son cœur que j'ai voulu mien
par crainte de perdre le sien
si beau et si vrai
avant de comprendre qu'aimer est autre

Je t'aime toute
soit toi
mon amour
dans la foultitude des jours
qui te façonnent
à la lumière de ta voie

Aimer ce n'est ni prendre ni attendre
c'est donner le meilleur de soi
j'ai trop attendu j'ai trop voulu de toit
pour comprendre que l'amour est sans prix
comme ton rire et tes mains
si beaux et si vrais

Lorsque Marie rejoint Line
la vie est au bout du chemin
dans le sillage d'une liberté

portée par un regard enfin apaisé
l'horizon s'élargit et s'éclaire
lorsque Marie rejoint Line

MES FEMMES

À MEGA

Mine de rien la vie qui s'en va la vie qui s'en vient
entre ses bras son cœur et sa voix
au goût d'épices et d'herbes aromatiques
a des allures de fête exotique

Elle slalomait entre les piquets piquants de l'amour
jusqu'au jour où l'amour lui dit « bonjour »
les volets ouverts sur la vie venant
mais qui sait ce que réserve l'amour si ce n'est l'amour lui-même

Gardez-moi de tout discours
l'amour s'en va et l'amour s'en revient
vivre n'est pas une sinécure ni forcément un purgatoire
il suffit d'y croire et de le vouloir

À moins qu'on préfère la fuite en avant dans les illusions
à courir après son ombre et son irrésolution
heureusement que la vie est multiple et non dénuée d'espoirs
à condition de ne pas trop tirer sur sa patience ostentatoire...

PETITE PRIÈRE

Cessez ces incessantes sécessions
suppurant des mots assommants
à trop supputer des maladresses
et des indélicatesses qui blessent
la vie est assourdissante dans ces moments-là
croyez-moi

Cessez de vilipender dénoncer et récriminer
se plaindre n'est que billevesées il faut assumer

les surdités des uns et les négligences des autres
rien n'est noir rien n'est blanc rien n'est simple
mais que la vie est assourdissante dans ces moments-là
croyez-moi

Car lorsque Babel devient Sodome et Gomorrhe
le salut passe par s'enfermer dehors...

SÉDUCTIONS

Quelle est cette douceur qui m'emplit
lorsque je te regarde
toi
qui m'as tendu la main
et offert ton cœur
d'un regard si ouvert à la vie

Quelle est cette tendresse qui m'emplit
lorsque tu me rejoins
toi
qui me guide et me suis
d'un pas tantôt rude tantôt lumineux
l'esprit chahuté par la vie

Quel est cet amour qui m'emplit
lorsque tu me réjouis
toi
qui réinvente le rire à chaque mot
avec ce doux désespoir d'écorchée
qui n'aspire qu'à respirer enfin

Quelle est cette vie qui m'emplit
depuis que tu as surgi
toi
qui me réalise jour après jour
avec la tolérance et la complicité
d'une égérie à la croisée des chemins

Vibre-moi encore
de tes rires et de ta joie

de tes soupirs et de tes désirs
vivre est un navire
qui s'ébat dans l'océan infini
d'une vie libre de soi

Suis-je libre de moi ?
Moi qui suis ivre
de quoi ?

L'amour est tellement singulier...

KERZERHO

"Êtres" antédiluviens
pointés vers le ciel comme des points de sens
majestueux et lourds
riches de toutes les vies traversées
immuables
au bord de cette route de ce bitume
sacrilège et vrombissant
Statues à la stature imposante
si gracieuses
nimbées d'une aura
à la beauté intemporelle et mystérieuse
qui interpelle
Statues surgies d'un lointain immémorial
relié à jamais
à l'onde céleste qui l'abreuve
de temps suspendu

Qui sommes-nous
d'où venons-nous
où irons-nous

Nous sommes tant et si peu
nous sommes tout et rien
rien que des filaments connectés au firmament

nous avons été nous sommes et nous serons
quoi

quelle importance
puisqu'il faut sans cesse
être et renaître à soi

Mais que sommes-nous après tout
face à l'impassible marche de nos existences
éphémères et précaires ?
Une illusion d'éternité
et d'infaillibilité

Quand la Vérité s'offre à nous sous l'apparence
de géants pierreux et rayonnants
sous les étoiles de l'intemporalité
l'esprit s'interroge
soudain emprunt d'humilité
et de mystique originelle

BRETAGNE

Lumières bretonnes
palettes de couleurs iodées
à force de baigner dans les flots d'une immensité berçante
de Brocéliande à la baie des Trépassés
de Saint-Malo à Pornic
des côtes déchiquetées à un massif Armoricain abrasé

habillée de bleu et de vert d'ocre et d'ambre
de vent et de crachin
la Bretagne bretonne sa mystique
dans les pas de Merlin et de Cadoudal

Et par la grâce d'une unité multiple et singulière
entre calvaires et alignements de menhirs
entre le lys et le goupillon
la Bretagne sonde sa mystique druidique...
en se nitratant l'âme

Ici la foi s'enracine dans des festo-noz païens et paillards
copieusement arrosés de fraternité celte
la Bretagne est une prière en mouvement

une immense barque qui flotte entre ici et ailleurs
partout et nulle part
au son du biniou et de la bombarde
de l'épinette et de la harpe
au son de la vie

Ici l'horizon semble infini
infiniment troublant et recueilli
lorsque l'océan et le ciel se diluent dans la nuit
une nuit étoilée
caressée par la brise du large

Encore une crêpe et un peu de cidre
s'il vous plaît !
L'éternité a faim
avant de lever les voiles

TENDRESSE

J'aime cet âge
où l'amour s'engage
vers une tendresse en liesse
au moindre regard posé sur l'aimée
portés par le lit des jours qui les tissent
ils toisent le temps qui trépasse au fil des saisons

J'aime cet âge
où l'amour a le temps
de se poser dans les bras de l'aimée
sans attendre autre chose que de la sérénité
au creux d'un bonheur affranchi
sous un ciel à peine métamorphosé

J'aime cet âge
où la tendresse jaillit des yeux
pour enlacer un amour heureux
qui se construit au jour le jour
sur des petits riens et d'indéfinissables tout
le cœur apaisé et le corps généreux

(IN)FUSION

Qui est qui
qui est quoi
elle est moi
je suis elle
elle sur moi
moi en elle
elle en moi
moi par elle
elle car moi
moi pour elle

mais c'est qui nous
elle et moi
ou moi et toi
et c'est quoi nous
tout ou rien
ou tout en un

chacun en soi
tisse le lien
d'un chemin
à deux

ESCAPADES

Désir ode à la joie
de l'esprit et du corps
qui propulse les regards et les mains en avant
en un tango tanguant entre la chair et le ciel
le ciel de l'amour
et la chair de la vie

Plaisir hymne à la joie
du cœur et du corps
que la chair propulse intensément
vers un amour qui se consomme dans un duo
entre la chair et le ciel
éperdus dans l'horizon de nos bras

AFFLICTION EXISTENTIELLE

Les seules vraies frontières sur cette terre
sont dans nos têtes et dans nos yeux
voir et boire la vie
rien n'est plus ardu
tant nous sommes sens dessous dessus

La fleur s'épanouit et meurt au rythme des heures
quand on s'étiole au fil des jours
à essayer de s'ouvrir sans trop souffrir
de s'ouvrir à soi-même
pour exister mieux à l'autre

Mais il faut franchir les frontières et briser les barrières
dans nos têtes et nos yeux
pour voir et boire la vie
celle qui se construit par monts et par vaux
sur des prairies de liberté sans écots

la liberté est à ce prix
elle ne s'émancipe et ne se vit que dans les élans du devenir

LE VER DANS LE FRUIT

Auprès de son arbre
une pomme se morfondait
rêvant d'une bouche gourmande
avec laquelle elle aurait une touche
car depuis Ève elle ne pense qu'à ça
la pomme : se faire croquer toute crue
en poussant des petits cris de pomme
craquante et éperdue

C'est alors qu'apparut nonchalant
un ver nu qui conquit le fruit mûr à point
offert à ses privautés en un tournemain

le pénétrant lestement avec des tortillements
élégants d'ombilic alambiqué

Hélas il tomba sur plusieurs pépins à la fois
qu'il se prit dans le trognon déconfit
alors qu'il lichait béatement la chair de joie
et mourut entre les bras d'une pomme cuite
qui resta sur sa faim
alors qu'elle était à point

JEU DE MOTS JEU DE MALIN

Biaiser pour ne pas se faire baiser
par soi-même
ne pas se léser de se laisser aller
à ne pas être soi-même
comment se réaliser sans se disperser
ni se perdre ni se fourvoyer
comment s'épanouir sans s'évanouir
dans un discours de basse-cour
qui s'enlise dans la vase
des illusions et la valse des hésitations

Un saule faseye sur les vitres
qu'un oiseau balaye de son va-et-vient
et les sentiments se délayent en vain
la poésie est partout
mais la poésie n'est rien
d'autre qu'un chemin
parmi d'autres
pour s'échapper des impasses
d'une vie

Baiser mais sans biaiser
avec soi-même
ne pas s'égarer de se croire enfin
devenu soi-même
alors qu'on n'est rien moins en train
de s'enfoncer dans ses propres contradictions
si impropres à la consommation

avec un désir au seuil du non-retour
un désir d'amour
qui s'élance et qui danse pourtant

Un saule roule sur les vitres
qu'un oiseau foule de son va-et-vient
et les sentiments s'écoulent en vain
la poésie est partout
mais la poésie n'est rien
d'autre qu'un chemin
parmi d'autres
pour s'échapper des impasses
de l'être

Enlace-moi
mon amour
ma vie me noie
d'interrogations sans détour

POÉSIE THÉRAPEUTIQUE

Sauter pieds joints dans le vide d'un futur inconnu
le souffle noué d'oser franchir le pas pour s'affranchir
d'un trépas trépané par une non-vie angoissée

à trop hésiter pour abandonner les nécroses du passé
un passé révolu pour un futur présent à soi-même
on s'égare et on s'enlise dans la fadeur des regrets

s'oser autre et autrement plus libéré et plus libertin
c'est sauter pieds joints dans un devenir qui nous tend
les bras mais à trop attendre il n'osera plus se détendre

Être soi n'est-ce pas transformer les mots en acte de vie
donner chair à la parole pour donner corps à son être
dans une sorte de thérapie poétique où le verbe prend sens ?

j'ai appris à m'aimer à travers vous à travers le regard aimant
d'autrui sur moi-même et à travers l'abandon en lui ou en elle
peut-on d'ailleurs seulement s'aimer tel un narcisse solitaire

je ne crois qu'au miroir des cœurs posé sur nous
avec la douceur d'un pétale qui glisserait dans le cou
afin d'enchanter l'amour en chœur de nous

VERTIGO

Adagio
en duo
sous ses roploplos
rigolos
pour un bécot in vivo
à dada dans le dodo
oser
le plaisir de se trouver
ou de fuguer
sur la jouissance
de s'apparier
crescendo
en un duo
plein de culot
et de gros mots
rigolos
illico presto
L'amour
est une rencontre
vertigineuse

Poésie déglinguée
(2005)

CANEVAS

Il n'y a pas de poésie
il n'y a que de la vie
des mots et des rythmes
emperlés dans l'ordre d'un désordre à peine coiffé
au gré de ses sentiments ou de sa fantaisie
de ses désirs aussi
car il faut toujours essayer de prendre
ses désirs pour la réalité
la réalité de ses désirs

Ainsi
imaginez un corps
nu ou à demi dévêtu
pulpeux
avec juste ce qu'il faut
de chair d'élasticité de chaleur
et de réactivité
telle une orchidée en pleine maturité
la pulpe se meut la chair s'émeut
sur ces mots d'ego en goguette
un sein halète autour de la bouche qu'il allaite
de langueur violine et charnelle
au-dessus
un arbre flotte de feuille en feuille
au gré de la brise qui les effeuille
car ils sont deux
ils pourraient être plus elle pourrait être seule
le poète ici est au seuil de ses délires ou de son être
il bande des vers
brode des silences
et caresse un brin d'émotion
pénétration séduction
éjaculation de mots de moi de nous de rien de tout
de vie non de poésie
ou si peu
tout n'est que question de sens
ou de non-sens
embrasse-moi

baisons-nous
en rythme en chœur
en cœur à corps

La poésie est une construction débridée de l'esprit
une fugue
une école buissonnière de l'âme
qui virevolte dans l'alcôve
de mes soupirs
de mes sourires
de la vie

BONJOUR MON AMOUR

Une chevelure en guinguette
sur une nuque runique
entonne gaiement
des saveurs impudiques
Croupe ancrée en une pose lascive
de grive éprise
dans l'embrasure du jour
au-dessus de draps ébouriffés
par l'envolée de ses atours
Aparté de doigts en goguette
qui happe la hampe
lueurs garance
gavée de fragrances
La croupe pense
au gré d'une bouche
qui encense
des soupirs haletés
Elle s'allaite à contre-jour
à l'ambre de son amour

Malade comme un chien
plus rien
je n'entends plus rien
seul dans ma bulle qui me siffle
des inepties indicibles
la tête dans un étau de catcheur qui aurait oublié de relâcher sa
prise dans sa fureur de vaincre
à chaque mot le crâne résonne
à vous faire taire un homme
mais j'en suis pas
donc je me tairai pas
pas encore
je me hurle dans les oreilles pour mieux m'entendre
faute de me comprendre
car il n'y a pire sourd que celui qui ne veut entendre
malade comme un chien
mais tout va bien
rassurez-vous
j'écris toujours
même de loin

SINUSITE GONADIQUE

Je ne suis plus rien
que peau de chagrin
succédané de machin
affublé d'un
appendice premier âge
une sorte de verrue barbue déconfite au bout de la rue
j'ai perdu ma virilité
dans les relents visqueux de ma personne-alitée
je suis désormais de genre indéterminé
entre petit chose et petit rien
pas grand-chose à mettre dans la main
ni sous la dent d'ailleurs
les sinus m'ont fait minus
même plus de quoi pisser droit
il est des avanies qui vous rendent humble

au fond de votre vie
je suis un homme que diantre
un vrai
J'en aurais juré
avant de tomber dans la purée
de mes fosses nasales
de ma force vitale
Il était une fois un mâle...
Il restait toujours un humain...

ACCORDAILLES

Préfigurer
tes seins
sous un drap de satin
                    femme savoureuse
le corps enveloppé dans la lumière du matin
et tes lèvres qui somnolent
au creux d'un duvet languide

configurer
le désir
sur la trame d'un lit
                    femme délicieuse
dans l'embrasure d'une chair qui soupire
à la croisée d'un festin
quand les mains découvrent le chemin

figurer
deux corps
affairés à s'aimer
                    femme onctueuse
à la volupté élancée d'une nudité constellée
sous un arbre à peine effeuillé
par la fin de l'été et le commencement de la faim

TABAGIE

Les pipes de Marie
traînent sur le lit
traînent partout
où le plaisir se pose
où le plaisir s'évente
d'une bouche gourmande
qui tête à grands traits
ou à petites bouffées
sur une bouffarde hagarde
d'être traitée ainsi
une bouffarde merisée
qu'elle tente tâte et goûte
avec les largesses d'une fumeuse réjouie

Les pipes de Marie
glandent aujourd'hui
elle n'a pas envie
de suçoter la vie
elle a fumé toute la nuit
à longs traits et sans bruit
sur un coin de lit
tout ragaillardi
par tant d'élans et d'ardeurs
à point d'heure
pour une femme alanguie

ADAM, ÈVE
ET LES FRUITS DE LA PASSION

Moelleuse.
Chère chair nue, mue sur les bords de corps à cœurs drus. Sur la plage engourdie, elle trouve un couteau enfoui dans le sable gris. Elle se penche. Le tire et l'attire. Il est chaud, encore plein de vie. Au loin, le soleil fait le beau. En dessous, une baleine roule sa bosse. Elle s'allonge nue, mue par des envies à fleur de peau. Tout près, un lézard court dans l'herbe qui le brosse.

Croquer les fruits de la déraison.
Elle se colle à lui. Il se coule en elle. Les sens décollent. L'alcool des sens. L'amour a un sens : le désir qui l'encense. Elle gémit, elle roucoule. Il coupe le cordon à coups de reins exquis, tout en léchant ses seins, au gré des vagues qui bruinent. Le lézard rôde toujours. La baleine a quitté le grand jour. Le soleil, quant à lui, brûle d'un amour inassouvi.

Moelleuse.
Cette peau si douce, la chair cuivrée, perlée d'embruns. La mer a repris le couteau, englouti par un cachalot. Le soleil est au plus haut. Le lézard est au plus bas. Allongée nue, mue par la volupté de l'infini, elle attend. Celui qui l'emplit. Celui qui l'enveloppe. Celui qui la nourrit. La baleine est au fin fond. Son ventre s'étonne. Ses seins ronronnent dans une sorte d'allégresse qui tâtonne. Les fesses et le dos crayonnent sur le tapis de grains rugueux. Des fesses comme des pommes.
Croquer les fruits de la moisson.
Le paradis est, peu à peu, peau à peau, entre les bras, contre la chair, dans les yeux, dans le regard, dans les baisers et les égards, d'une femme qui sourit à la vie, d'une femme qui désire, qui soupire et s'étire. Elle a joui.

Moelleuses.
Les amours se glissent dans les sens. Et les sens plissent l'amour. Elle est nue, mue par ses rêves ingénus. Il la prend de nouveau. La drosse avidement. De haut en bas. De bas en haut. La liche, la traque, la mord, la bêche, la brasse, la trace, la délecte. Elle est échouée sur une plage lunaire. À moitié ailleurs. À moitié ici. Avec lui sur elle. Sous elle. Derrière elle. En elle. Pour elle. Avec elle. Sans elle. Sans cri. Jouissance crescendo. Comme surgit de nulle part. Comme un songe. Un mensonge ? Le désir est né par une chaude nuit de printemps. Ou d'été. De conquête. Et d'abandon.
Croquer les fruits de la passion.
Quand elle se réveille, le coquillage vide d'un couteau gît près d'elle...
Le lézard le renifle... La baleine déroule sa bosse... Il n'y a plus de cachalot... Les nues ont emmitouflé le soleil...
Elle n'a plus sommeil. Elle est vivante.

VARIATION

Se tendre vers elle
si dur et si tendre
attendre qu'elle vienne
pour doucement le prendre
et le fondre en elle
afin de mieux la fendre
mieux la surprendre

l'amour c'est s'éprendre
l'amour sait comprendre
et renaître de ses cendres
avant de se détendre
comment ne pas s'entendre

comment ne pas se tendre en elle
si dur et si tendre
pour mieux se rendre et s'y rendre
avant que décembre ne vienne
ne plus rien attendre
ni tenter de se défendre
juste s'offrir à elle

SPLEEN

Morose ciel maussade
il est des jours fades
il est des jours morts
accrochés à la branche du temps
pluies obsédantes
convulsions pastorales
Que son regard me manque
et je n'ai plus de soleil

J'ai besoin de ses yeux
pour vivre sans pareil

j'ai besoin de ses mots
pour sourire aux vents
j'ai besoin de son corps
pour dompter le temps
maussade jour morose...
je cherche la rime

DIAPASON

La prendre contre soi
lascive et chaude
une main sur son sein
les lèvres sur son front
l'écouter dormir

le souffle léger
enrobé de nuit
berce le silence
d'une tendresse intense

son ventre frémit à l'unisson
de leur entente

la prendre contre soi
galbes de chair
peau de soie
et sentir le sommeil
qui approche à petits pas...

EXISTENTIALISME

la mort au bout du voyage
la mort au coin d'un jour
seule certitude évidence inéluctable
avec celle du vieillissement
la vie ne fait pas de sentiments
mourir nous attend
alors autant vivre
en prenant le temps d'aimer
d'aimer intensément
seul l'amour vaut de vivre
la mort qui nous attend

GODE DE BEAUNE

Elle godille
à gogo
avec dextérité et subtilité
sur les vagues insondables de l'Amour

le ciel est malicieux
au-dessus de
l'ivresse des fonds qui
surfe sur des déferlantes
de ressac en ressac

libre
une geisha mène la barque
de boule en boule
au gré de son humeur
badine

l'essence roule et déroule ses sens
en des alcools désinvoltes
irrévérences licencieuses pour convenances gélatineuses
elle vogue sur ses aises n'en déplaise aux esprits chagrins
le fidèle barreur est là en elle
conquérant conquis j' t'adore

l'horizon est viné
de bacchanales vénielles

un coup à bâbord un coup à tribord
du godelureau à la geisha

il est des extases qui vont
à contre-courant a contrario à contresens
mais pas à contrecœur

il fait nuit lorsqu'elle a mené sa barque
sur les rivages d'un lit défait
le corps sanctifié
de s'être tellement apportée
de fond en comble
loin de convenances gélatineuses
avec une irrévérence délicieuse...

ABSENCE

Il est des temps de mornes désirs, fades soupirs de sexes éplorés par
le chassé-croisé d'un quotidien désolé d'être irrésolu. Et pourtant
résolument amoureux. Il est des jours où le temps s'échappe, où les
heures se dissipent, où les minutes se diluent et les secondes
s'ébruitent. Les corps se croisent, les cœurs se décroisent et les sens
se toisent, en vain. Il est des jours, il est des temps, il est, il est... Il
est la vacuité et l'altérité. Et cette pluie qui tombe à satiété. Ce ciel
sans espace, sans à venir. Inflexible dans sa platitude. À vous rendre
pathétique à vous-même. Le jouir s'englue dans le fuir. L'envie de
séduire s'est égarée dans une brume sans fin.
La vie n'est qu'un grand linceul qui s'enroule sous vos pas jusqu'à
vous envelopper d'éternité.
Heureusement...
Jouir n'est rien. Aimer est tout.

FANTASME

Desseins
des seins
que touche
une bouche
qui accouche...

Dessins
de bouches
sur des seins
aux desseins
farouches...

Dessine-moi
une bouche
qui touche
des seins
si sains
qu'ils effarouchent...

ÇA SE CORSE

Faire le deuil
encore et encore et encore
d'une vie tellement contraignante à force d'être trop restreinte
Tout est en soi
mais rien ne va de soi
la moindre fantaisie est un poids
ou une frustration
vivre c'est quoi
faire le deuil
de l'idéal
encore et encore et encore
et se faire une raison
encore et toujours

EXISTENTIALISME

j'ai beau chercher
sous le lit dans mes poches sous mes semelles dans tous les recoins
de ma tête
je n'y arrive pas
j'ai beau faire
je n'y arrive pas
et pourtant je cherche depuis si longtemps depuis tant de temps et
de jours
sans réponse satisfaisante
à ma question
à mon interrogation récurrente
lancinante
quel est le sens
de tant de souffrances de bêtises de violences d'indifférence et de
mépris
la mort inéluctable irréductible implacable insensible sournoise
inflexible
les rides la flaccidité la sénilité la fatigue l'apathie le manque
d'appétit
quel est le sens
quelle est l'essence
tu viens tu fais -- ou tu défais -- et tu repars
que tu fasses le bien ou que tu fasses le mal
c'est égal
tu viens et tu vas d'un même pas ou presque
la différence est dans ce que tu laisses dans la trace dans le
souvenir
mais les siècles sont là pour tisser l'oubli
et l'indifférence
seul l'Amour à un sens
et le désir
à satiété

DÉCOMPOSITION

Des élus qui s'élisent
à l'unanimité de leur voix
dans l'urne de leur ego
politique
poker menteur
qui s'exhibe
en strip-poker
tellement intéressé
qu'il ne convainc plus
que des élus sans vue

Les élus s'élisent
et l'Élysée s'enlise
entre déréliction et ambition
Noël approche
pour qui
le Saint-Nicolas navigue
sur un Saint-Laurent qui s'inonde
pendant que Dominique tout le monde ?
La politique est un feuilleton
qui n'en finit pas...
Qui n'en finira jamais.
Les meilleurs travaillent dans l'ombre

À part ça ? Tout va bien !

Chroniques poético-satiriques 2005

EN PRÉAMBULE

CRÉATION 2000

Et Dieu créa la Terre, et les plantes, et les dinosaures, et l'homme. Mais comme Dieu trouva la Terre trop plate, il la fit ronde. Et comme il trouva les plantes trop dissipées, il en fit des vergers luxurieux et des forêts luxuriantes. Et comme il trouva les dinosaures trop balourds, il en fit des fossiles. Et comme il trouva l'homme trop commun, il en fit un handicapé. Car Dieu ne savait pas trop ce qu'il voulait.

Mais Dieu vit que son handicapé était bien mal barré seul sur son fumier en fleurs, et qu'il serait bien en peine de lui prendre une côte pour en faire une Vénus afin d'alléger son labeur, tant il était suffisamment mal foutu ainsi. Il prit donc, sans faire le moindre sentiment, la queue d'un scorpion qui passait par là… et en façonna un sacré tempérament. Une créature de feu et de sang, un volcan de sentiments. Belle comme une rose pleine d'épines et lumineuse comme une étoile au firmament de son Royaume.

Et Dieu comprit qu'il n'était pas sorti de l'auberge avec une nature de cet acabit-là, qui ne serait pas forcément un cadeau pour le gringalet là en bas. Il se dit qu'il aurait mieux fait de prendre la queue d'une souris ou d'un lézard, mais c'était trop tard.

Aussi l'offrit-il en l'état au podagre tout content de trouver du répondant aussi pétulant sur son lit d'onagre, pensant qu'après tout ces deux-là n'avaient qu'à se démerder civilement, et basta ! S'il savait.

Dieu dans sa bonté profondément naïve créa l'union du malheur et du bonheur. Un malheur heureux et un bonheur malheureux. Partant, naquit la souffrance sous le bon auspice des opposés. Laideur et beauté, amour et détresse, enfermement et liberté, la vie ne fut plus qu'un ramassis de tout et de son contraire.

Ainsi fut engendrée l'imperfection sous l'égide d'un Démiurge qui avait oublié de faire sa purge avant d'intenter son projet hurluberlu, un peu comme une envie qui urge.

Et les deux amoureux dissonants vécurent cahin-caha, avec des hauts et des bas, des hauts faits et des bas-fonds, du soir au matin et de l'aube au crépuscule, sous des soleils d'infortunes et des orages brûlants, s'abreuvant de mots d'amour et de jours azymes faute de subsister de bras alertes et de tunes ultimes. Puisque, dans sa divine distraction, le Créatif hâtif avait aussi omis que l'argent ne fait peut-être pas le bonheur mais qu'il y contribue singulièrement. Surtout lorsqu'on n'a que deux bras pour faire les trois-huit et la lessive de l'aimant à longueur de sessions.

Voilà également comment la parole devint verbe, le verbe devint chair et la chair fut triste entre un tas d'air estropié et une nymphe d'eau lourde bavards comme une chorale de pivoines. Le mélange fut détonnant mais enfanta tout de même des bourgeons pétillants et des rires chancelants qui brillèrent avec intensité.

Moralité : mieux vaut un amour berzingue entre un corps anathème et une queue de scorpion, une connivence de Belle et de Bête perplexes qui se cherchent sous les nuages de leur affection, plutôt qu'une semaine chez Trigano à s'emmerder les pieds dans l'eau pendant que Dieu joue au tarot.

Et, avant de refaire le monde, il serait peut-être préférable de consulter les astres pour éviter certains désastres.

Car depuis le début des temps la vie est une calamité bien mal créée pour les enfants du bon Dieu.

PASSONS AUX CHOSES SÉRIEUSES

QUESTION

La vie n'a de sens que le sens que l'on veut, ou que l'on peut, lui donner.

En ce sens, Dieu n'est pas le sens.

Car le sens est palpable, respirable, définissable, déchiffrable, consommable, discernable.

Qui discerne Dieu dans un charnier ou derrière les violences ordinaires ? Dieu est un sens spécifique que l'on donne à un sens propre. Il est une conviction non une certitude. Il est l'essence d'un sens très intime. Car Il est absence. Il est la force de l'inconscient et le talon d'Achille du conscient, comme toute croyance.

D'où l'importance de trouver un sens à son existence de mortel en souffrance, en partance, en carence, en errance, en substance.

Mais quel est le sens d'une existence ? Mais où est le sens d'une vie ?

Au cœur de ce chaos de maux qui s'enchaînent, s'entrechoquent, s'entre-tuent, s'entrecroisent, s'entre-déchirent, s'entremêlent et se déchaînent.

Le sens est présence. À soi. À son être. À sa vie. À l'amour. À l'autre. Le sens est espérance. En soi. En son devenir. En sa vie. En l'amour. En l'autre. Le sens est constance. Et consistance.

Une vie sans consistance est vacuité. Or, la nature a horreur du vide. L'humain aussi.

Je cherche le sens. Dans les remous et les remugles d'une existence en clair-obscur, en claire-voie, en clairière ou demain. Pour ne pas sombrer dans les turbulences insensées de tous ces instants tannés. Pour ne pas céder au désarroi que provoquent toutes ces virulences décomposées, en décomposition, en déréliction.

Mais quel est le sens d'une existence ? Mais où est le sens d'une vie ?

Je cherche le sens dans le silence de pensées effrayées, consternées, asphyxiées, révoltées, remuées, désemparées. Dans la lumière voilée ou dévoilée d'une vie pleine d'une humble insignifiance en quête de sa signification.

Car le signifiant est sens.

Je cherche le sens. Pour échapper à l'emprise d'une foi compulsive, de dogmes intrusifs. Pour échapper aux non-sens d'une existence sans avenir. Pour ne pas me résigner à un fatalisme de mort-vivant.

Puisque je suis vivant !

Mais il paraît que j'ai un ego trop puissant pour me laisser glisser dans le courant d'une indolence ébahie, ou pleine de componction, pour les aléas d'une vie que Dieu a sertie de déflagrations et d'indigences ?

Il paraît...

Ceci dit, j'ai tant foi en l'amour !

Et alors ?

J'attends la suite avec impatience...

Et Dieu, dans tout ça ?

Il attend aussi.

CRÉATION 2003

Et Dieu prit un sacré coup de vieux.

Il se fit même trachéotomiser par procuration, tant Il manquait d'air sur cette terre de misère. Car Sa mortelle extension avait beau être infaillible, elle n'en était pas moins très friable, comme tout un chacun. Un tant soit peu pathétique même, à vouloir autant se cramponner à son trône tremblotant et cacochyme. Du reste, Dieu se reconnaissait-Il dans ce clone devenu tellement paparticulier, dans sa papa-immobile, à tant s'être blindé à son humanité en vitres teintées ? On a la religion qu'on peut, vous diront les mécréants, dont je me garderai bien d'être.

Mais Dieu a tant de clones ici-bas qu'Il doit être blasé, depuis des siècles et des siècles...

Ainsi, le raout ramollo sur son fumier en fleurs, celui à l'image si renversante à force d'être renversée, comme la crème qu'il était — n'en déplaise à certains —, et de faire l'âne, de braire son droit à la liberté, de s'interroger sur sa destinée, et d'oser aussi, car dans la vie il faut oser si l'on veut avancer. Eh bien, il était finalement descendu de son îlot pas vert ! Pervers peut-être pas après raison, mais qui ne l'est pas peu ou prou ici-bas, hein ? Même Dieu, puisqu'Il avait réussi à créer "ça".

Toujours est-il que le zigoto au zigomar zéphyrien, et toujours aussi déglingué, se retrouva un beau jour dans une clairière en fleurs de pissenlit... Et très mal barré pour s'accrocher à un passé qui s'effilochait, au gré d'une idylle qui s'attaquait alors à un ménage du printemps plutôt radical pour la saison — on se trouvait tout de même dans les frimas de l'hiver et d'un amour finissant, un de ces amours comme on en rencontre tant et tant, entre la clé des champs et la poudre d'escampette. Ces deux-là rejouaient la mort du cygne, à moins que ce ne fut celle du signe, et la renaissance du canard boiteux...

À son sujet, on hésitait du reste : s'était-il métamorphosé avec l'âge en boudin aux allures de bouddha ou en bouddha aux contours de boudin ? Difficile à dire, en tout cas il avait pris du poids et du volume, aux dires de ses sherpas fraîchement débarqués... du mont Sainte-Odile.

Il n'y avait qu'une certitude : c'était le poids de l'amour, évidemment. Car il n'allait pas quitter un fumier, aussi fleuri soit-il, pour une tombe, aussi recueillie soit-elle.

Or, il se trouva, comme par hasard, qu'une fois amputé de la queue de scorpion, il fut sitôt conquis... par des cornes de bélier ! Allant, du jour au lendemain, d'un anthropoïde volcanique à un bovidé énergique. Enfin, énergique est un euphémisme... un peu ensuqué pour ce caprin. En fait, il alla tout droit, sans passer par la case départ, d'un feu parfois vénéneux à un feu plus langoureux, d'une certaine rétention à beaucoup d'impulsions. D'une vie tumultueuse à une existence... empressée, d'une autoritaire à... une autorité. De fait, sans ciller, il tressauta de Charybde en Sylla, ou presque. D'une femme à une femme, en quelque sorte. Si je puis me permettre cette métaphore quelque peu poétique, car une femme est un poème à elle toute seule, tout mulet un peu censé vous le dira.

Quoi qu'il en soit, vous en conviendrez, il y avait quelque chose d'animal dans tout cela. Certains même n'hésiteront pas, je le sais, à parler de quelque chose de bestial. Mais il y en a toujours qui exagère...

D'ailleurs, un de ses bourgeons d'origine ne jouait-il pas au kangourou cafardeux — bien que n'ayant pas la langue dans sa poche —, pendant que l'autre s'évertuait à jouer la libellule esseulée — les Cupidon ne faisant plus flèche de tout bois depuis belle lurette, n'est-il pas ?

Tandis que les agnelets z'autonomes de la belle au regard ardent — dont un futur bouc qui traînait ses pattes avec la légèreté d'un éléphant qui trompe le temps en râlant — broutaient la vie à pleines dents, tout en mettant bas de temps en temps.

Dans tout cela, le podagre patriarcal n'était plus qu'une brebis flâneuse qui se nourrissait allègrement de Bételgeuse... Ballotté entre action et distraction, revendications et contritions, quand il n'était pas égaré par la passion et... les pulsions bucoliques...

Dieu était devenu vraiment trop bon avec ce bibendum médisant... culturel bien sûr.

Conclusion : avec tout ça, il n'avait toujours pas passé des vacances chez Trigano et Dieu cherchait toujours vainement son latin. Pensez donc, Il ne savait plus à quel saint se vouer, pendant que l'autre tétait gaiement le sien... à elle. À se demander qui, dans cette histoire sans queue ni tête, est l'impotent et qui est le Tout-Puissant.

Il n'y a décidément plus de cohésion spatiale. Qu'importe, il est heureux l'animal. Car, tout bien pesé, Dieu l'avait plutôt bien réussie Sa Création bancale, si on la contemple d'un fauteuil moulant...

En attendant Trigano, et les pieds dans l'eau... de vie évidemment !

CONFESSION

Je suis un homme. Je l'avoue. Très contrit et un peu honteux, parfois. Bien que je fasse ce que je peux. Je suis un homme malgré les apparences, mais pas malgré moi, rassurez-vous, quand même pas. Et, en l'occurrence, les apparences sont bien trompeuses, comme vous le dirait ma logeuse intra-utérine préférée.

Patatras, c'est fait !

Comme les autres. J'ai plongé tête la première dans le propos "épicé", ainsi que tout mec qui se respecte un tant soit peu.

Handicapé, tu parles ! Handicapé peut-être, mais de quoi ? Pas de ce que tu crois en tout cas. Ne te défile pas, toi qui m'écoutes le regard lubrique et un préservatif entre les dents, je te connais depuis si longtemps.

Désolé de te décevoir, mais je ne suis qu'un homme, malheureusement.

Avec ses faiblesses et ses obsessions. Ses légèretés et ses lourdeurs. Ses interrogations et ses pénétrations.

Et vlan, rechute !

La chair est si faible au masculin singulier, ou pluriel. Après, tout est une question d'attitude, de latitude, de certitudes et d'amplitude, voire d'aptitude... De maîtrise aussi. Et la maîtrise est friable, tellement friable en période de pleine lune ou de disette, mazette !

Comment résister à tant de générosité, de beauté, de plasticité, d'élasticité, de suavité et de sensualité ? De féminité, pardi.
Je ne sais pas, moi. Je ne peux pas, moi. Je n'y arrive pas. Entre ses bras. Et le reste, si doux, si chaud au saut des draps, aux abords du sommeil, au fond de la sieste, quelque part quoi où il n'y a qu'elle émoi ! C'est impossible. Elle est tellement comestible accommodée aux aromates du désir.

Je regrette mais ma mère ne m'a jamais appris comment résister aux appâts du sein.
Alors qu'une femme n'est qu'appas rentes, comme tout homme, ou presque, le sait. Il n'a qu'à pas y toucher à cette rente-là, vous diront les rabat-joie du gland, car qui s'y frotte s'y trique...
D'accord, mais prendre les jambes à son cou à défaut de prendre son pied, encore faut-il pouvoir le faire... En ce domaine, comme dans bien d'autres, les absents ont toujours tort, surtout au pied du lit ou au cœur des bras.

Et je ne suis qu'un mec... Et un mec ce n'est pas grand-chose : une petite queue et une grande gueule ou une grande queue et de la suite dans les idées. Hélas.
Un mec ça tient à si peu de chose : un bout de chair flasque en quête de brefs moments d'apothéose.
C'est un hédoniste, que voulez-vous, qui ne pensent qu'à ça quand elle pense à autre chose ou à rien, quand elle ne pense pas à ses courses, à ses parents, au repas de midi, au démon de minuit.
Femmes, prenez donc votre mâle en patience, personne n'est parfait, vous le savez bien. Et surtout pas moi.

Donc... baise-moi. Encore un peu. Car « c'est le fond qui manque le moins[4] ».
Avant que je sois trop vieux, trop gâteux et sans feu.
Plus bon à grand-chose, même plus à être un homme, un vrai !

---

[4] Jean de La Fontaine, *Le laboureur et ses enfants*.

CONFESSION
épisode II

C'est une femme. Sans conteste, je vous l'assure. La preuve ? Elle conteste sans cesse, c'est sûr.

Mère poule, mer caspienne, maire de Moncuq, mère-si la vie, huitième mère-veille du monde, à gauche en sortant de la cuisine ou de la chambre, après que la mer soit montée et descendue et remontée et redescendue, sans écume, car elle est belle, de jour comme de nuit, pleine de runes, d'humour et d'humeurs sans tunes, de joie et de sens. Pleine de vie, quoi !
Je déraille. Évidemment que je déraille. Mais pas tant que ça.
C'est une femme, assurément. Il ne faut jamais l'oublier.

Un homme bourre le mou pendant qu'elle bourre le chou. Pendant qu'il trique, elle traque. Pendant qu'il truque, elle troque. Et quand elle tronque, il trinque. C'est la loi du genre. Un genre très particulier. Le genre « je t'aime moi aussi comme je peux, je t'aime moi non plus comme je suis ».
Le genre indécis. Jamais indécent. Le genre stressant. Jamais content.
Je plaisante, bien sûr.
C'est une caricature. Une exagération. Une divagation. Une dit-femme-ah-si-on... Ou dix-femmes-à-Sion dévoilées de la tête aux pieds sous leurs airs de pas y toucher ?

Misogyne, misogyne, j'ai une gueule de misogyne, moi ? Misogêne peut-être ? Voire masogyne. Mais misogyne, vous voulez rire.
Que ferais-je sans elle « qui vint à ma rencontre » au milieu des décombres. Des papillotes, des carottes, des litotes, des calottes...

Dans la critique ou dans la crainte ou dans la plainte ou dans l'Arctique ou dans le conseil autoritaire, elles sont, inlassablement, anxieusement, parfois même sereinement, les jours de pleine lune ou de plénitude féminine.

Les jours de mater-nage ou de mater-surmenage. Car c'est épuisant d'être mère à plein temps, surtout si on veut être maire en même temps : « touche pas à mon enfant ! » C'est moi que je sais comment on fait. Toi t'es trop père avec ta paire d'autorité mal placée, mal à propos, mâle embouché.

Il y a des jours où c'est vraiment trop difficile d'engendrer autre chose que de l'andropause, de la sinistrose, de la cirrhose ou de l'arthrose des mots, à Gonflant-Sainte-Honorine.

En avoir ou pas. Encore faut-il pouvoir s'en servir. Ou savoir.

Pourtant, « que serais-je sans » toit qui vins sous ma pénombre, que ferais-je sans elle qui vint à tire-d'aile ? Ni poèmes, ni délires, ni soupirs, ni anathèmes, indubitablement.

Je serais juste une âme en peine. Une théorie sans pratique. Une pratique sans égratignures, une litanie quotidienne, un remugle nonchalant, un satyre soupirant sur un avenir sans sentiment.

Car, que cela plaise ou non, au-delà de toutes ces insinuations, mesquines si vous voulez, je ne vais pas chipoter, à quoi peut bien servir une clé sans sa serrure, Laurel sans Hardy, Françoise sans Jacques ? À rien. À pas grand-chose.

Même plus de quoi se mettre sous la dent, se remettre en question, se prendre pour Napoléon — dans son bon appart (j'ai osé, c'est dire mon niveau).

Sans femme, tout est vacuité des vacuités parce que l'homme n'a pas le don d'ubiquité, il a juste celui de quitter, ou d'être quitté.

Bon, sur ce, je vais repasser... à autre chose...

DIVAGATION

Il a pris les mots au mot. Et il a fait n'importe quoi avec, comme d'hab'. Un charabia informe autant que difforme. Une sorte de logorrhée de politicard ou de commercial hagards. Au petit bonheur la France. Où chacun cherche le sens et comprend ce qu'il veut ou peut. Avec un peu de chance, il finira même avec une céphalée, le céphalopode affalé dans les bras de Morphée, à cause d'une histoire à se casser.

D'ailleurs, ça vient à peine de commencer et j'entends déjà des ronflements.

Donc, je disais : le mal de tous les maux ce sont les mots. Vous me suivez jusque-là ? Car, comme chacun le sait, les mots engendrent les maux et ce n'est pas un moindre mal, contrairement à ce qu'on aimerait nous laisser entendre, même si par là vous n'entendez pas grand-chose. Moi non plus, mais c'est sans importance.

On fait n'importe quoi avec les mots, moi en premier. Probablement pour faire taire mes maux, parce que j'ai les maux bavards et les mots buvard. Vous décrochez ? Je reprends.

Non ?

Mes mots vous soûlent ? Pourtant rien à voir avec mémos et compagnie. Cette démo n'est pas un mémo sur les maux, c'est juste un méli-mélo de mots en émaux.

C'est un salmigondis de bigoudis à vous donner le tournis. Car j'aime décoiffer pour mieux vous faire une mise en pli, postale comme de bien entendu.

Il est fou, l'animal ! J'ai mal à ses mots. On dirait du Boulez en conserve qui déboule dans mon cerveau flapi.

Au secours, châtrez-moi ce mâle-là ! Sinon j'en fais un chameau, au bas mot.

Faites-le taire, ce pollueur d'atmosphère.

Doucement, je vous avais prévenu que le mal de tous les maux ce sont les mots. Comme le bien de tous les maux c'est le mâle. En toute modestie, croyez-moi.

Que voulez-vous, on a les mots de tête que l'on veut. Surtout en tête-à-tête avec soi-même. C'est ce qu'on appelle la plénitude de la solitude du scribe de fond, fond d'artichaut, chaud devant, derrière, dessus, dessous.

Appelez vite David Vincent[5], il y en a partout depuis qu'il tient debout dans ses maux, l'intra-terrestre extra-utérin tout-terrain.

Vous êtes toujours là ?

Vous êtes courageux. Les mots ne vous font donc pas peur. Les maux non plus, apparemment. Alors pourquoi vous agitez-vous sur vos sièges amovibles, émotifs et émollients pour les mœurs.

Plus fou que moi, tu meurs d'une tumeur de bonheur oral.

---

[5] Héros de la série *Les envahisseurs.*

Ô râle, ô désespoir, ô rudesse de la vie, neige, donc temps conçu, pour vivre par grand froid et petits délits de mots ! Que dalle, j'ai la dalle d'un bol de maux.

Voilà pourquoi je prends la balle au bond dans le bal des dictions.

Mais motus et couches en sus, sinon je suis perclus.

Et croyez-moi, après tout ça, un verre ne peut pas faire de mâle.

Surtout pour un incontinent de mots.

Chérie, où est mon urinal verbal ? J'ai soudain un besoin urgent de sens...

En effet, si vous savez lire entre les lignes, vous aurez compris que derrière tout ce bla-bla gaga, il faut trouver la femme, celle qui est toujours à la source de tous les mots, bien sûr...

ILLUMINATION

Lumière, s'il vous plaît !

J'ai besoin qu'on éclaire ma lanterne, que dis-je, mon plafonnier, tant je me sens très peu clair dans certains domaines. Sans l'ombre d'un doute, même si l'aveu m'en coûte.

Par exemple, l'amour.

C'est quoi l'amour ? Un long fleuve qui ne coule pas de source ? Un miroir aux alouettes farci de romance médiévale ? Un concept papal qui a fait son temps à tant se préserver de tout et, en premier lieu, du sel de la vie ordinaire, qu'il enterre à force de prêcher le ciel de la Terre ? Une théorie copernicienne tirée par les cheveux d'une étoile filante ? Une utopie trouvée sous les pavés de mai 68 ?

Peace and love. Amour libre. Un pour tous, tous pour un... Ce qui est à toi est à moi et ce qui est à moi est en toi...

Hé bouffon ! T'as fumé ou quoi ? Tu te dégotes fissa une meuf et tu fais pas ièch !

Et si c'est pas une meuf ? En plus, il veut faire de l'humour, le balourd. Hé bouffon, qu'est-ce t'en as à foutre, c'est le résultat qui compte !

Mais l'amour, ça n'a rien à voir avec faire l'amour. Faire l'amour c'est facile. Bien que... C'est plus vite dit que fait.

T'es fou toi, t'as bu de l'eau, ou quoi ! C'est fait en deux coups, trois mouvements, et encore, c'est plus vite fait que dit.

Ça dépend comment tu le fais. Toi, c'est un phare qu'il te faut, pas une lanterne, pauv' tache. Va, t'es trop compliqué pour mes burnes. Vaut mieux que tu te taises, trognon, et que tu baises un coup, au moins tu sucreras ta fraise de frustré de chocolat...

Je parle d'amour pas de fesses, bon sang, d'être et pas de faire ! Alors c'est quoi aimer ?
Donner le meilleur de soi-même ? Supporter l'autre quand même ? Le couvrir de fleurs ? Le regarder éclore ? L'écouter respirer et vivre ? Croire que tout est possible ? Oser prendre le bonheur à deux au sérieux ?
Je sais comment faire mais pas comment être. Et ça me fout en l'air, et ça me fout de l'urticaire.
Lumière, s'il vous plaît !
J'aimerais tant savoir aimer vraiment. Mieux aimer qu'avant, dorénavant, que demain, que toujours...
Tu devrais te reposer au lieu de couper les tifs en quatre. À force d'être prise de tête, je te jure, tu vas avoir mal à la bite, mon vieux.
C'est parce que le doute m'habite que je m'interroge. Si tu laissais parler ton cœur, t'aurais peut-être moins d'angoisse. T'es pas un mec, t'es une gonzesse, et encore... Elle au moins elle a du cœur au ventre.
C'est vrai que t'as raison. Arrête d'être con, banane ! Tiens, prends un joint, tu verras la vie en rose et, si tout va bien, tu comprendras quelque chose à ta divagation d'ersatz d'Apollon. L'amour c'est comme on peut, rarement comme on veut, et encore moins quand on veut, crois-en ma jeune expérience.
Ça m'éclaire à peine tout ça.
T'as raison, éteins, ça te reposera au moins les yeux. Moi, je vais m' coucher, tu m'as crevé avec tes mots mous à dormir debout. Ma copine au moins me tiendra chaud.
Il n'y a plus de jeunesse...

DÉSILLUSION

Les « amoureux du banc public »... le sont jusqu'à ce qu'ils soient parents.

Quoique, le maternage commence souvent bien avant, depuis que l'émancipation a pris les devants...

Aujourd'hui, l'égalité des sexes, et du reste d'ailleurs, est toujours aussi relative et subjective et directive et cognitive, dessous et dessus, dehors et dedans. Sauf que dedans, le rapport de forces a basculé. À force de jeter les pavés sur la plage, les femmes ont troqué, il y a 40 ans, quasiment, leurs jupes contre de grands talents, très moulants dans les principes et dans le participe présent...

Elles ont pris les choses en main, à défaut de prendre en main la chose... Elles ont opté pour le patronage intime en intimant des directives ultimes. Pardon, des conseils seulement. Très insistants certes mais des conseils tout de même. Le détail est d'importance, à leurs yeux, bien que le résultat soit kif-kif bourricot pour le bardeau de service, même sorti du lot. Car l'amour c'est d'abord la capacité de défendre son territoire tout en écoutant l'autre d'une oreille plus ou moins distraite.

Tout est dans la manière. Et de la manière, elles en ont tellement à revendre que, très vite, il y a matière à réflexion.

« Chéri, tu devrais mettre la table, me repasser la jupe, laver les sols, sortir la poubelle, écrire à ta mère, ne pas dire ça, ne pas faire ça comme ça, faire les courses, vérifier le niveau d'huile de ma voiture, m'emmener en week-end dans un chalet ou chez ma copine, appeler ta sœur, enfiler une veste, arrêter la télé, éteindre ton ordinateur et venir te coucher... »

Normal, c'est ce qu'on appelle communément le partage des tâches et des compétences et des corvées. Surtout des corvées ? Mais il faut les comprendre : donner des « conseils », à visée purement altruiste, donne si intensément le sentiment de se sentir utile. Et quelle femme n'a pas besoin de se sentir utile ? D'agir par procuration, si l'on veut. Il y en a peu, apparemment.

Mais, car il y a un "mais", comme à chaque fois que l'amour prend ses aises, il y a un malaise. Car le chéri est rarement assez parfait, assez au point, assez au courant, assez attentionné, assez efficace, assez rapide, assez serviable, assez sagace, assez présent, voire assez absent.

En somme, il n'est jamais et ne fait jamais comme il faut, là où il faut, quand il faut et pour ce qu'il faut.

Il n'y a plus d'hommes. Et il n'y a plus de pères. Ou de moins en moins, à les entendre. Tout juste des géniteurs, et encore. Et jusqu'à quand ?

Peut-être que « le meilleur des mondes » n'est pas si éloigné que ça ? L'amour n'est pas une utopie modulable, c'est une réalité indomptable et incurable.

Une oasis au citron.

Jusqu'au jour où « l'enfant paraît ». Dans toute sa splendeur, ceinturé d'un cordon de quatrième dan...

Et le citron tourne au vinaigre, à la sauce aigre-douce.

La mouche change d'âne et la manne change de douche... Elle devient écossaise, ou belge ou chinoise, en tout cas « babélienne ».

L'amour a ses limites que le maternage ne connaît pas...

« Georges ou Antoine, ou ce que vous voulez, tu es trop dur, tu ne sais pas t'y prendre, on dirait que tu n'as jamais été un enfant, laisse-moi faire, occupe-toi plutôt de la poubelle, tu veux bien le coucher ce soir, je sors avec maman, tu ne veux pas engueuler ton fils, il ne m'écoute pas, tu ne veux pas arrêter de lui crier dessus, il suffit de lui parler gentiment, n'est-ce pas mon chéri d'amour ? » Car, désormais, le chéri c'est lui, ou elle, ou eux, moins toi, il est si fragile lui, si vulnérable, si adorable, si presque parfait — tant qu'il ne contrarie pas sa chère maman, tant qu'il n'affecte pas son amour protecteur et indulgent, tant qu'il n'est pas ingrat... avec elle.

Et si les faire fut un plaisir, pour le père, les subir sera sans appel pour lui.

Ce sera la descente au garage grâce à une descendance incandescente et habile à surfer sur ses caprices, autant que sur les aveuglements et la surdité d'une mère condescendante et tellement compréhensive.

En fait, l'éducation filiale est épidermique, hormonale, empirique et, par principe, exclusive.

La vérité est maternelle et l'immaturité est paternelle, qu'on se le dise. Résignez-vous mâles éculés en perdition de statut et de stature.

L'ossature familiale est femelle ou ne sera pas.

Et l'amour dans tout ça ?

Ne vous en faites pas, il trouvera toujours une petite place, entre la couche et le dessert... Sinon, il restera bien une petite place pour un avocat...

RELIGION

C'est beau la vie. Pour qui ?

Le million d'enfants vivant sous le seuil de pauvreté, dans un pays plein d'argent au seuil de sa prospérité prospère de solidarité à sens giratoire ?

Les vieux, trop vieux pour espérer rajeunir, et trop jeunes pour avoir envie de mourir sous une canicule à vous griller toute idée de solidarité à sens unique ?

Les jeunes, plus prompts à écrire comme des cochons en mal d'instruction qu'à sortir de leur léthargie d'assistés à l'ennui aussi solidaire que solide ?

Les soutanes soudées de cléricaux sous perfusion à force d'être rigides du haut et mous du bas, ou l'inverse, cultivant l'amour telle une ascèse infaillible, à condition d'être absolument papale, pas pâle du tout même ?

Les politiciens, tellement imbus d'eux-mêmes qu'ils sont imbuvables et dégoulinants comme des buvards qui ont épongé trop de discours bavards, entre deux bouchées de caviar ?

Les syndicalistes ringards, les fonctionnaires flemmards, les ministres vantards, les riches sur le tard, les pauvres rester en gare, les tristes sans regard, les patrons vicelards, les handicapés pleins de tares, les femmes sans fard, les hommes à part, les mômes hagards, les assistés sans égard, les flics sans phare, les artistes cabochards, les râleurs gros lard, les sportifs en retard ou les voisins mouchards ?

C'est beau la vie. Mais pour qui ?

Pourquoi, aussi ?

Et, au fait, j'y pense, c'est quoi la vie exactement ? Une panse orgasmique ou un orgasme pensif, à moins qu'il soit pansu, ou penseur, rôdant dans les soubassements rôdés de nos élans érodés ?

Un commencement et une fin, en soi ? Un commencement sans faim, ni toit ? Sans foi ni loi ? Sans toi ni joie ?

Une genèse apocalyptique ou une apocalypse génitale ?

Une fin qui n'en finit plus d'agonir sa vie ou de la glorifier dans l'agonie ?

La vie, c'est comme une religion : chacun se fait la sienne, en espérant qu'elle tienne la route, c'est-à-dire en essayant d'éviter au mieux les doutes qui nuisent au chemin et épuisent les destins.
La vie est belle quand elle sourit. À qui ?
À moi, évidemment !
Vous croyez que j'ai le temps de faire du sentiment ?
Je ne suis qu'un impie, en mal de vie et de voies et de vous et de tout ce qui fait une vie.
En attendant que chaque vie soit belle. Et tais-toi !
Belle à en vivre de plaisir. À en regretter de mourir.
Alors à quand, cette vie-là ?

TU PEUX RÊVER !

CONSTATATIONS

Elle est fichtrement belle.
Bien que l'âge commence à perfidement frapper à ses cernes, engourdis par des nuits agitées de morosités. Ravages du matin, destin. Carnages du soir, espoirs. À vivre... dans ses bras ivres et sa chair libre. Car
Elle est sacrément belle.
Rien ne vaut la maturité d'une femme. Dans ces eaux-là, elle est tellement incarnée, tellement pétulante, amusante, avenante, rayonnante et ravissante. Ah ! La femme mûre, mûrie sous le harnais d'une certaine maternité maternelle et maternante... On se laisserait presque bercer par elle, si les risques n'étaient pas inconsidérés, tant l'emprise serait considérable. Car
Elle est si joliment belle.
Pourtant, depuis quelques temps, elle n'a plus la force de faire Byzance à force de perdre son fer de lance.

Le savoir-faire balbutie, un brin, mais pas le faire-savoir, heureusement. Ainsi, elle sait faire savoir qu'elle enfle car quelque chose la gonfle. Elle a des cloques, des pustules, des boutons, des plaques et des plaies – surtout à l'âme – qui pullulent et la boursoufle. Surtout quand elle prend son pied à main levée et à plein régime, lorsqu'elle a le cœur attendri par des saveurs coquines, marines et cuisinées, que seule vous propose une vie de gourmet gourmand. Car

Elle est assurément belle.

Malgré tous ces tracas à fleur de peau, tous ses mots cutanés, ses mots Sade et ses maux tôt ou tard. Elle a le cœur à fleur de don, le don à fleur de chair et la chère à fleur de sens. C'est un bouquet, quoi, cette femme-là !... À condition de lui faire un courrier recommandé avec accusé de réception la veille et de faire venir un clairon une heure avant... Car elle est lente à la détente, un peu corse ensuquée, c'est dire. Cela dit, une fois qu'elle est partie, on ne l'arrête plus. Alors allons-y ! Faisons-lui un courrier dès à présent. Car

Elle est vachement belle.

Je ne vois qu'elle, ne sens qu'elle, ne savoure qu'elle, ne veut qu'elle, n'attend qu'elle, n'entend qu'elle... d'une oreille, certes, mais néanmoins toute à elle, quand même. Entre l'amour distrait et les distractions de l'amour, il y a le ruisselet qui nous coule et nous écoule vers l'océan de nos élans, une rigole qui se bidonne, en somme. Je vogue entre ses mains. Je vague dans son vagin. Stop ! Je me laisse aller là. Car

Sa beauté me grise. Que voulez-vous, j'en oublie tout, même la décence la plus élémentaire ! Que dirait ma pauvre mère si elle entendait ça, elle qui m'a élevé dans le respect de la beauté, pas dans le laisser-aller.

N'empêche, elle est tellement belle...

Qui plus est, de quelque profil que ce soit. Tant son regard est jubilatoire et son halo ostentatoire.

Faites-en autant pour voir !

CONSTERNATION

L'humain est infantile.

C'est entendu depuis l'origine des temps. Mais faut-il s'y faire pour autant ?

L'humain est un grand gosse. Avec tout ce que cela présuppose de caprices, de versatilité, de possessivité, de sensibilité ou de sensiblerie, de jalousie et d'instabilité. Ça se veut adulte et c'est inculte, puéril ou immature, ou tout à la fois, mais pas droit. Tordu, oui, plus ou moins peut-être, mais pas droit, dans sa tête du moins.

L'humain est infirme de lui-même, donc informe de l'abdomen. Car il faut du cœur au ventre et à l'ouvrage, de l'aisance et du bon sens pour prétendre à une certaine sagesse.

Au lieu de cela, chacun pour soi et son ego pour tous. Chacun voit à peine plus loin que le bout de ses sentiments d'enfant malmené, mal aimé, mal appréhendé, mal rêvé. Et toujours victime de tout et de tous, lésé, frustré, incompris, floué, mal baisé, exploité. Constamment à râler, à courir, à s'épuiser, à s'évertuer, à se sacrifier, à s'emmerder, à s'imposer et à chercher la petite bête, la puce de trop et la place en moins.

Infantile, vous avez dit infantile ?

Vous rêvez, ça n'existe pas, juste un peu irresponsable par moment, pris dans le feu croisé de ses envies et de ses obligations. Mais si peu, à peine de quoi casser la patte à un canard boiteux, d'oublier qu'on n'est pas seul, que le temps passe et ne revient jamais, que l'autre aussi existe accessoirement.

Ô taon suspends ton vol et vous, leurres propices, suivez votre cours car, de toute façon, on s'illusionne sur soi.

Par exemple, puisque je suis là, je me crois poète mais je suis quoi ?

Je vous l'avais dit, on croit ce qu'on peut ou ce qu'on veut sur soi. Alors sur les autres, je ne vous dis pas. Ils sont forcément malveillants, malhonnêtes et malentendants, forcément trop ou pas assez de ceci ou de cela, sinon ce ne serait pas des cons chiants, des empêcheurs d'exister en toute sérénité, dans une bonne conscience tranquille, tranquillement attablé à ses certitudes. C'est selon les jours et les hormones.

L'humain est lunatique. L'humain est aphasique. L'humain est plein de tics du tac au tac mais pas de tact.

Et dire qu'il faut se le coltiner du matin au soir. En commençant par soi.

Est-ce vraiment un cadeau ?

Je m'interroge et je m'indispose.

Mais moins sur moi que sur ceux qui m'imposent leur infantilisme à l'arrogance morose ou à la plainte sans cause.

Je m'interroge et je propose.

Qu'on s'élève un peu...

Qui sait, les extraterrestres sont peut-être mieux, moins humains donc, peut-être, plus matures, plus adultes ? Ou, pourquoi pas, plus humains que nous ?

Ça nous en boucherait un coin.

Quant à moi, j'immigrerais in petto, pour le repos de mon âme et de mes mots, car il est des jours et des nuits où je me fais du souci pour ma tension, de trublion évidemment.

ÉLUCUBRATIONS

Certes, à l'impossible nul n'est tenu mais que fait-on lorsque l'impossible vous tient ?
Car, lorsqu'il vous tient, il vous lâche rarement.
On abdique, on se fait une raison, on se laisse aller, on dépressionne, ou on regimbe, on rue dans les brancards, on ne s'avoue pas vaincu, on se dit que tôt ou tard le dernier mot nous aura, faute de l'avoir, mais que ce n'est pas grave parce qu'on aura le suivant...
En fait, c'est selon l'humeur du moment, le temps, les saisons, les passions, les moissons, les liaisons, la naissance, la lune, la dent du petit dernier, les règles, les hémorroïdes, la paresse, la sagesse, c'est comme on veut ou comme on peut !
Le possible est toujours plausible lorsque la foi est en soi une conviction concrète. J'avance donc je puis, faute de pouvoir ce que je suis. Mais que suis-je pour ne pas croire à ce que me dit le cœur de ma raison ? Puisque la raison n'a pas de cœur, tout le monde le sait, sinon il n'y aurait pas de guerre et d'égoïsme, de susceptibilité et de rancœurs.

Mais que l'impossible est tentant ! Surtout pour un mécréant malséant. Ou un edelweiss.
D'accord, il faut être un tantinet utopiste pour goûter à l'impossible sans que cela vous coûte davantage que de croire en ses utopies. Ou que le possible est toujours à portée de main et à vol d'oiseau pour celui qui savoure l'apesanteur des mots et la lumière de l'âme. Car l'esprit est sans frontières et l'âme a du cœur au ventre.
Les miennes, d'utopies, m'ont conduit dans les arcanes d'une existence pleine de vie. Je crois donc je suis. Je puis donc je crois...
On a les hauteurs qu'on peut, me direz-vous. Peut-être, mais il est des hauteurs que seuls atteignent les rêveurs solidaires.
Parce que la force des rêveurs c'est qu'ils n'ont peur de rien puisqu'ils n'ont rien à perdre, juste des rêves à créer et à incarner pour en faire une réalité aussi irréaliste et accueillante que possible. Celle de demain, si possible.

L'objectif premier d'une utopie étant de quitter la subjectivité de l'ennui. Pour s'établir dans l'objectivité d'un impossible qui s'épanouit.

J'aime la vie.

Comme l'amour.

À la folie !

Qui me suit ?

J'ai l'impossible entre les doigts...

CONFESSION

Pauvre armée papale que la papauté a frustrée, par une fatale impuissance infaillible, à force d'oublier de vivre l'être, donc la chair, aussi faible soit-elle. Car il paraît que cela rend plus grand et plus pur ?...

Il est vrai qu'il est souvent plus simple d'attoucher ou de folâtrer avec ses dogmes, tant intimes qu'ultimes, que d'oser la vie. La joie. Les désirs multiples et singuliers. Le plaisir. Une douce jouissance. Ou un fol orgasme ! Les égarements sont tellement absolvants qu'ils absorbent même des vérités anales, bien répandues dans les annales, depuis des siècles et des siècles.

Pourtant, s'ils savaient...

La spirale du verbe s'enroule crescendo autour des mots du corps. Sans attendre, il se préserve hâtif pour niquer d'amour et savourer... La saveur de la chatte qui miaule dès qu'on la lape. La chaleur du sein lorsqu'on le liche. La fugue des corps qui se nichent.

Le sein qui se dresse. La chatte qui se plisse. Les chairs qui se pressent. Les mains se lâchent. Les bouches se lèchent. Elle mouille. Il trique. Le regard illuminé, fasciné par leurs sens. Éblouis de s'aimer. Exaltés de se donner, de s'étonner et de s'entonner. C'est si exultant d'oser sans doser.

Le désir partagé est un lapsuce ineffable.

Pulsions, impulsions et compulsions, jusqu'au Panthéon.

Ah, l'enivrante confusion des corps, encore et encore entrelacés, entrecroisés, entrechoqués. Pénétrés jusqu'à la garde ! Jusqu'à dégorger à l'envi.

Qu'il est bon d'être ballotté dans certaines montgolfières !

Mais quel est donc l'aqueux qui a égaré le Cantique des cantiques dans l'Ancien testament ? Étourderie ou provocation, geste de père vert qui vous tente d'une main pour mieux vous punir de l'autre ? Allez savoir, l'homme est si tordu face au cul qu'il est capable, ce faux-cul, de faire capoter l'amour pour faire crever les Turlupins.

Tristes soutanes qui nous tannent d'une morale si désuète qu'elle est frigide faute d'être lucide. La vie est ici et maintenant, dans l'incarnation de l'instant. De deux êtres qui vibrent à l'unisson de leurs sentiments, de leurs élans, du temps qui les enlace. S'ils savaient...

Je le confesse et je le professe : la baise entre deux fesses bien avenantes vaut toutes les messes prévenantes. Ainsi soient-ils.

ÉPILATION

Elle voulait partir croasser en Croatie, avec un de ses oisillons sous les ailes. Elle est libre elle, comme Max, pas comme lui, le pauvre chéri délaissé, l'amour de sa vie, le cœur de sa nuit, le jour de son corps. Non, elle n'a besoin de personne. Enfin, c'est vite dit. On a la liberté qu'on peut et les illusions avec. On appelle cela se changer les idées, être autonome, donc sans homme. D'autant que le brave homme gardera le chien et le volatile restant − très volatile du reste, et blatérant continûment « Maman, je veux ! »

Elle a raison : c'est bien moins encombrant ainsi pour elles et tellement plus égayant pour lui. Pour ne pas qu'il l'oublie et qu'il s'ennuie trop sans elle, non plus. C'est si attentionnée une femme amoureuse qui veut voir du pays, si vous saviez.

Je n'aime que toi... de loin, de près c'est autre chose, c'est le désœuvrement qui pointe au détour d'un jour maussade, passable et sans enfant. Mais est-ce vraiment une surprise venant d'une femme... qui mène la barque pendant que le mec godille laborieusement. Donc d'abord une mère avant tout, et l'amour après tout on verra après coup, s'il reste un peu de place dans un coin de vie. Un bout de lit pour un bout de lui.

Je me souviens : j'avais une femme et un chien... Désormais, j'ai une femme et les siens... Cependant, dans les deux cas, c'est femme qui veut et homme qui peut.

L'amour rend chèvre et la femme rend fou. Des chèvres de Croatie ou d'ailleurs pour un mec sur le tapis. Un tapis persan percé de piercing perclus à force de perdre les plis de la vie et ses poils dans les étoiles. Que ferait-il d'un pubis ?

Et puis l'affaire se corse : elles ne parlent plus de croasser en Croatie, elles partent sur les traces de Bonaparte ! C'est moins loin, moins cher et moins chiant. Des vacances explosives, rien de mieux pour des femmes qui implosent et revendiquent leur autonomie...
Dans ces conditions, quinze jours sans lui ne lui cause aucun souci, au contraire ce sera la belle vie, elle suppose. À moins qu'elle ne compose avec sa liberté de femme libérée à force d'être enchaînée... à elle-même ? C'est ce qu'on appelle probablement le crépuscule des pieux, à moins que ce soit l'aurore des vieux, le confort des amours vieillissants ?
Elle part. Les enfants d'abord et le mari après. On n'a qu'une vie, je vous le dis.
Mais comme elle est toujours en retard quelque part, il s'y fera tôt ou tard. On se fait à tout, par à-coups certes, mais à tout, un jour ou l'autre. De préférence l'autre, pour retarder le coût du coup. Parce qu'on n'a pas le choix. Si ce n'est celui du départ... Mais pour où ?

L'amour est fou et la femme le rend chèvre. Fou de rester ici ou là à attendre le bon vouloir de la carte du Tendre. Mis au rancart comme un vulgaire dessus de lit à deux sous.
Elle part. Pas huit jours. C'est trop court. Quinze ! Pour qu'il lui manque, pardi ! Vous n'avez vraiment rien compris (lui non plus mais il fait comme si). Les enfants, la Croatie ou la Corse, c'est un prétexte pour avoir envie encore plus de lui... Pour l'aimer encore bien plus.
En somme, mettre l'amour à l'épreuve de l'amour, donc de la distance. Car la distance est infaillible pour tester l'amour des plus faillibles.

Il va devoir vivre entre hommes, en attendant. En attendant qui ? Elle, évidemment. Du moins, il fera tout comme, en attendant. En attendant quoi ? Le temps qui passe au-dessus de la Corse ou du Botswana, évidemment.
Néanmoins, sachez-le, l'amour n'a guère de sentiment ! Il pleure toujours lorsqu'il n'est plus temps...

Il aime les vents contraires pour mieux naviguer à contre-courant...
Allez savoir pourquoi ? Lui ne cherche plus depuis longtemps. Vous
croyez qu'il est aigri ? Pensez-donc. C'est juste un moment
d'égarement amoureux. Celui de l'amoureux qui se sent éconduit.
Mais tant pis pour lui ! Il n'a qu'à se faire hara-kiri.

DÉSOLATION

Je n'aime guère la guerre mais la guerre aime les hommes. De là à
supputer que je n'aime pas les hommes, c'est aller un peu loin en
besogne. Je n'aime pas la guerre et les hommes qui la font car les
deux sont cons. Mais je n'ai rien contre l'humanité en général, à
condition qu'elle en ait un tant soit peu, d'humanité.
Je le concède : cette formulation n'a rien de poétique mais qu'y a-t-
il de poétique dans une boucherie ? Je tue il et nous vouent une haine
de derrière les fagots, qu'ils règlent à couteaux tirés. Ce sont des
choses qui arrivent au cours d'un siècle normal. S'entre-tuer c'est
coutumier et raisonnable pour une démographie qui souhaite ne pas
dépasser les limites du raisonnable. Cependant, tout le monde sait
que l'homme a ses raisons que la raison...

Donc, je n'aime pas la guerre. Les luttes de toutes sortes. De
tranchées, de pouvoir, d'alcôve, de classes, gréco-romaines, franco-
françaises, et suisses bien sûr, car rien n'est plus agaçant que la
neutralité : tant qu'à frapper autant frapper fort, non ?
Le rapport de force entre blanc et noir, c'est blanc bonnet et bonnet
blanc. Parce que tout est relatif en ce bas monde, tellement bas qu'il
n'arrive pas à soulever des montagnes. Et pourtant, on en déplace
des montagnes pour un oui ou pour un non.
Une guerre est faite à partir de riens. C'est la guerre des nerfs qui
sera le nerf de la guerre. Ainsi soit-il et Dieu reconnaîtra les siens.
Forcément, puisqu'il est clairvoyant autant que clair-obscur. Moi, je
suis plus obscur que clair, mais comme dirait ma femme et ma fille
: c'est l'âge. Pourtant je n'ai que l'âge de mes artères citadines et
piétonnières, croyez-moi. En tout cas, je n'ai plus l'âge de faire la
guerre à qui que ce soit. Quoique.
Faut pas me chercher !

PASSION

Comme un oiseau tombé du nid, elle a atterri dans mes bras éblouis, et quelque peu endoloris par trop d'intempéries (on a les sécheresses qu'on peut). Attention, vous avez bien compris que c'est une image que je vous viens de vous proposer, car mes bras, franchement, on oublie.

Bien que les bras de l'esprit soient souvent bien plus remplis de vie et d'amour. Demandez-le-lui.

Donc, tel un oiseau tombé du nid au bord de mon lit, effarouchée, elle s'est posée sans bruit, puis s'est consacrée à mon éducation d'homme circonscrit...

Je l'ai aussitôt (dans le désordre — amoureux, évidemment — des émois et des sens) prise, entreprise, surprise, apprise, comprise et conquise, autant que faire se peut. Et aimer, bien évidemment.

Cependant, aimer est, hélas, toujours conditionné par un conditionnel omniprésent, tout autant qu'inconditionnel, dès que la féminitude vous renvoie à vos chères études, pour vices de latitudes et de conformité avec leurs attentes exigeantes de Diane diaphanes. Ne sont-elles pas assidûment en quête d'elles-mêmes ces avenantes dames, c'est-à-dire à la recherche d'un idéal qu'elles ne sont pas et qu'elles demandent toutefois *manu militari* à être, de préférence à l'autrui qu'elles couvent, plus ou moins, entre leurs bras enveloppants. C'est tellement plus agréable d'attendre de l'autre ce qu'on pourrait faire soi-même...

On peut rêver, n'est-ce pas. Il vaut même mieux parfois. Surtout lorsque les illusions essaient vainement de vous rattraper par le bout de la réalité... Cette réalité si sourde à toute pitié, à toute malléabilité. Elle a un corps, je ne vous dis pas... Et des seins, mamma mia ! Et une conque conquérante si attachante. Et un cœur d'artichaut en fleurs de tendresse. Et une âme qui cherche encore la porte de sa maturité, de son être en mal de devenir. Et son esprit qui soupire et soupire encore et encore, usé par la fuite du Désir. Avouez, l'amour est un poème. Un théorème de clique d'accord. Une conjugaison de responsabilités.

Et je l'aime à foison, le nez dans la toison, le corps dans ses saisons et le cœur allongé sur son horizon, très mouvant mais si ravigotant.

C'est tellement complexe d'aimer la dissemblance de sa ressemblance, la particularité de son altérité, l'entité de sa singularité. En effet, on ne savoure pas la profusion d'une femme, aussi somptueuses que soient ses formes, comme on déguste un verre d'eau ou une dame blanche.

D'ailleurs, contrairement à ce qu'on pourrait penser, une femme n'est pas une aquarelle, c'est une peinture à l'huile de lin qui lie les liens et lit, de manière inflexible, entre les lignes des mots pour mieux oblitérer ses... maux. C'est du Picasso ou du Miró mais sûrement pas du Pissarro. Parfois du Greco, par son empattement verbal et pondéral. Parce que rien n'est plus surréaliste qu'une femme, aux allures d'artistes, de fleuriste, de pompiste ou d'améthyste. Mais c'est ce qui fait son charme, vous diront les plus éclairés d'entre nous, les faibles hommes.

Le pire, dans tout cela, c'est que vous ne me croirez pas si je vous dis que je l'aime par-dessus tout, car rien ne vaut l'imperfection et l'imperfection ne vaut rien sans elle, ni vous, pour un vaurien épris de tout.

Et je l'aime. Si vous saviez comme je l'aime cet aléa-là, par-dessus tout et malgré tout. Qui sait, peut-être même malgré moi ? C'est fou comme elle me manque dès qu'elle est loin de nous. Tout n'est que vacuité lorsqu'elle fait la belle sans moi. J'en omets même d'en faire le beau tant j'y suis accroc. À son rire et à ses bons mots. Il paraîtrait que l'amour vache est le plus beau qui soit ? J'en suis intimement con vaincu depuis que je suis amoureux !

À tel point que je vais m'empresser, illico presto, de maîtriser mes nombreux défauts de fabrication masculins singuliers et de syntaxe irresponsable.

Je vous le jure... sur la tête de ma mère qui a oublié de me transmettre le mode d'emploi, comme toutes les mères, si l'on en croit Freud et ses confrères. Après on s'étonne d'épouser des hommes castrés et de mauvaise foi ! Ah la la...

Que c'est dur d'être une femme par les temps qui courent après l'amour...

Mea culpa, j'ai tant besoin de toi, tout seul dans mon nid.

RÉVÉLATION

Et l'homme dans sa grande bonté Allah vite aux vécés pour mieux penser à ce monde de brontosaures et de pachydermes coincés qui le fait tant chier, à longueur de journée et de dépression atmosphérique.

Yahvé qu'à refuser de se laisser emmerder ainsi, vous serineront les plus philosophes. Mais les philosophes ne sont pas toujours les mieux placés pour comprendre la vie, à la chipoter sans cesse comme des chipolatas trop grillées.

Toutefois, à force de pousser, il ne Buddha pas son plaisir. On a la religion qu'on peut en ces temps de disette humaniste, de politique au rabais, de rabais sur les brosses à reluire. On manque de spiritualité mais pas de griefs. L'humour devient une denrée aussi rare que les cheveux sur un crâne de chauve qui peut. La plainte est à la mode de chez nous. Tout est une atteinte personnelle sans pare-soleil pour stopper les rayons des regards envieux.

La méditation est une libération, non sans fondement et besoins pressants... C'est la vie qui veut ça. Ce sont des contingences quotidiennes bassement humaines, sauf à être constipé du bulbe, de façon tenace et régulière.

Il faut savoir se vider de ses préjugés pour arriver à croire que la vie vaut la peine d'être délestée de tout superflu fermenté, sans pour autant passer par des diarrhées logorrhéiques à vous empester les oreilles.

J'ai longtemps cru qu'il fallait en chier pour avoir le droit d'exister, alors qu'il faut juste savoir prendre le temps de rêver, de penser en tous lieux et à toute heure, à la vie qui va au rythme de ses pas, dans le sens du cœur, du corps et d'une âme câline.

Dieu que la vie peut être simple lorsque l'homme s'est soulagé du poids de son passé trépassé et compassé. Encore faut-il y arriver sans encombrement ni retenue. Faute de quoi tout n'est qu'étron et fiente de pingre grêle. Tout n'est qu'une question de digestion et d'assimilation, en quelque sorte.

Et si, finalement, demain l'homme fertilisait l'amour et le semait aux quatre vents comme une semence qui se met en selle pour avancer plus légèrement ?

Et si je cessais tout bêtement de couper les mots en quatre pour vivre tout simplement, sans chercher constamment la petite bête, avec acharnement, dans mon dictionnaire intime ?

Il faut que je vive, merde alors ! Et que je t'aime intensément.
Il est des bonheurs autrement bandants, des perspectives autrement plus jouissives que de s'attarder dans les latrines de nos errements...

CONTRITION

Je ne vaux pas un pet alors que je proute à tout vent... Qui suis-je ?
Je suis une chambre à air ridicule qui funambule sur des atmosphères altières qu'il flatule avec une certaine assurance et moult persévérance.
Est-ce du reste bien raisonnable lorsqu'on sait que, paraît-il, l'impotent c'est la rose — certes une rose quelque peu flétrie et empâtée aux entournures, mais une rose tout de même, ne vous en déplaise ? Laissez-moi au moins cela.
Parce que j'ai beau être Marcel II, je n'en serai pas pour autant canonisé, moi. Il est vrai que je ne suis pas aussi canon que Jean-Paul le fut et bien moins sage. Moi, j'ai la rage. De vivre, de péter... tout, d'en découdre, d'écrire, d'enrager, d'aimer, de biaiser, de délirer, de rire et de jouir. Surtout de jouir, entre nous. Mais est-ce un secret ? Ne suis-je pas un très humble descendant de Priape ?
Insolent, une bonne messe remettrait ton âme dans le droit chemin !
J'adhère totalement à cette péroraison, ma mère, mais trop de misère m'attend sur cette terre en jachère.

Alors quand voulez-vous que je trouve le temps d'être sage avec tout ça ? La béatitude pas plus que la béatification ne sont plus de mon âge, ni dans mes cordes !
Bien au contraire. Je n'ai pas un moment à perdre pour faire des ronds de jambe, d'autant que j'ai les jambes arquées à trop s'activer à tort et à travers, surtout à travers...
À tel point que j'use et abuse par les deux bouts la chandelle de mes chers congénères et de mes compagnons sur les nerfs, à trop les entraîner dans mes cavalcades insensées.

M'aimer est un sacerdoce, je le confesse. Pour ceux qui avec moi bossent et celle qui m'adore avec force, à en forcer mon admiration. Que j'ai plutôt chiche par temps clair...

Car, ils vous le diront, j'accouche souvent au forceps pour être né presque contraint et forcé. Cependant, de là à imaginer que la vie est un incessant rapport de forces, il n'y a qu'un pas... que je franchis copieusement.

Pourtant, je suis plutôt doux et prévenant dans mon genre, une bonne pâte un peu trop mal-axée même pour séduire le tout-venant. Mais, comme le tout-venant ne me fait pas réellement bander, il me laisse relativement indifférent, sans façon.

Cela étant, j'avoue que je bande — mentalement bien sûr, grand polisson ! — très lestement pour tout — une fleur, une voix, un bon plat, un regard ou du kawa — et pour un rien — si tant est qu'elle soit rien, ce qui est loin d'être le cas, rassurez-vous, j'ai trop de goût pour... Laissez-moi au moins cela.

Je sais, on ne me donnerait pas le bon Dieu sans confession, mais je ne l'ai pas demandé. Je suis trop libertaire, et libertin, pour me charger de principes généraux.

Je sais, j'invective trop la populace mollasse des fonctionnaires fadasses. Je vitupère à tort et à travers, encore, et je désespère, le cas échéant, d'avoir la patience d'une vieille vipère dont la langue ne cesse de fourcher sur les dents d'une fourchette mal pourvue.

Car, que ne ferais-je pas pour bien manger et jusqu'où n'irais-je pas pour pénétrer ses élans à flux constants ? Que voulez-vous, je suis affreusement gourmand de tout, absolument tout, et, soyons honnête, particulièrement d'elle.

Quoi ? Le poète est une bête, et non « l'avenir de la femme » ! N'exagérons tout de même pas, il est simplement profondément esthète et, accessoirement, athlète *de profundis*. Laissez-moi au moins cela.

D'accord, je suis un monomane enflammé mais, si vous la connaissiez, vous me comprendriez, je vous le jure sur la tête de mon phallus en plein désarroi...

Je ne suis qu'un hominien alors que j'aimerais être tellement plus. Je ne sais pas, handicapé par exemple, ou pompier ou monte en l'air ou, pourquoi pas, hôtesse de l'air, en tout cas quelque chose qui permettrait de prendre de la hauteur et de l'extase si..., nécessairement. De la jouissance, je veux de la jouissance à satiété. Et sa présence sans tarder.

Malheureusement, elle est absente. Une de ces absences, lourdes de silences et d'abstinences, qui me crisse les sens. Une absence qui corse l'écorce de mon torse torve où palpite un petit cœur, si petit petit, qu'elle habite si bien par ses va-et-vient communicatifs et son rire explosif.

Repentance. Il faut que je me repente de sombrer allègrement dans mes airs rances. Depuis le temps que j'ai des carences en tous sens, par manque de substance consistante et de prestance convaincante.

Il faut que je me repente immédiatement de n'être qu'un vil imparfait du subjectif belliqueux. Il faut que je consente, tout compte fait, à n'être qu'un homme qui court après des objectifs de Zorro-astre[6], Parsi par-là, et non un Apollon bellâtre.

Je ne suis que dépendance d'amour ! Et dépens danse tout court... Olé !

Hélas, je ne sais pas me repentir. J'entends bien vos soupirs désappointés et vos récriminations outrées, j'entends bien mais j'écoute si mâle, lorsqu'il s'agit de me réfréner la vie.

Néanmoins, saurez-vous malgré tout me supporter, voire m'aimer un peu... beaucoup ? J'ai tant besoin de vos sourires pour conduire mon avenir... à 200 à l'heure, jusqu'au bout !

Entre nous, je n'en ai pas l'air comme ça, toutefois je suis si faible... parfois. Surtout entre ses bras où l'homme en moi renaît à soie.

FLAGELLATION

Je cours après mon ombre comme un chien après sa queue. À toujours en vouloir plus et mieux, à toujours vouloir aller plus haut et plus loin. À ne jamais savoir me satisfaire, me plaire, me complaire, me poser et composer avec une raison raisonnable et résonnante.

Pourquoi ? Quelle mouche m'a donc piqué au berceau, c'est-à-dire tôt, très tôt. Trop tôt ?

---

[6] Voir Zoroastre ou Zarathustra.

Mais voilà, moi, contrairement au chien, je ne l'attrape jamais ma queue. Je suis bien trop ankylosé et sclérosé aux entournures pour ça. Bien sûr, je n'ai plus vingt ans. Encore moins toutes mes dents, bien que j'aie conservé tout mon mordant...

Personne n'est parfait, me direz-vous. Peut-être, sauf moi. Oserais-je suggérer avec insistance. On me reproche bien, par-ci par-là, quelques peccadilles : je serais trop ceci et pas assez cela. Un tantinet refermé sur moi-même, pas suffisamment disponible, légèrement trop dans mes lubies professionnelles. Trop de tissage de mots et pas assez de tissage de liens.

Pas bien. Vraiment pas bien. Peut mieux faire. Beaucoup mieux.

Soit.

Mais que ferais-je à contempler bêtement ma queue plutôt que de lui courir après ? Rien ou si peu. Je m'ennuierais benoîtement à cent sous l'heure. Car je me suis contemplé si longtemps que j'en ai fait le tour, de mon embonpoint, pourtant fort conséquent, depuis le temps. Et je ne suis ni du genre contemplatif ni du style nombriliste. Heureusement pour... mes fans.

Je cours simplement après l'envie et l'envol et l'envoi et l'envers. Et puis quoi encore ! Je cours parce que j'ai oublié de marcher. Je cours parce que la vie c'est si court. Je cours parce que j'aime essayer de me rattraper. Je m'étais tant perdu de vue à force de me regarder vivre stoïquement.

Voilà pourquoi, je vis dorénavant à plein temps. Hélas, sans plus prendre le temps d'observer, de m'attarder à des détails qui, semblerait-il, seraient plus sérieux que ma nonchalance le présumerait avec trop de désinvolture dans les voilures de mon ciboulot impie. Ouf !

Soit.

Je pourrais peut-être un peu laisser tomber ma queue de pie volubile et m'occuper davantage de mon ombre, préconisez-vous ? Mais ma queue n'a pas l'ombre d'un doute, d'autant qu'elle ne fait d'ombre à personne... Si ce n'est à elle-même, et encore, elle est si solaire.

Je plaisante. Je plaisante toujours. Je plaisante trop même parfois.

Et avec des plaisanteries d'un goût tellement douteux, mes aïeux ! Je dois l'admettre, très contrit sur les bords, mais sur les bords uniquement.

À vrai dire, je plaisante comme je peux. Et comme je peux peu...

L'inconvénient, c'est que je gaudriole constamment comme un morveux inconvenant qui se fiche des convenances en toutes circonstances. À force de me remplir la panse de mots gros et gras, voluptueux à souhait, nananère.

En fait, je suis affligé d'une vie intense et dégingandée. D'une vie pleine d'allure et à toute allure, si vous le voulez bien. Et, entre nous soit dit en passant, si je cours, c'est d'abord parce que j'aime sentir le vent dans mes rares cheveux restants, comme j'aime les contredanses pour excès de vie test.
Soit.
Je pourrais ralentir un peu. Mais j'ai perdu le frein dans la main du destin. Et j'aurais trop peur de la perdre, la main, à provoquer un destin qui court éperdument vers les jardins de son cœur, avant de se couler dans le corps de ses festins ou de ses festons...

Ah, si vous saviez comme il est parfois bon de savourer certaines autoflagellations !
Moi, j'aime la vie... Tout de bon... Et tant pis pour les cons ou les grincheux ou les frustrés ou les mal-aimés. On ne peut pas combler tout le monde. Même si ce serait vachement bien. Que voulez, je suis un autonomiste libre, sauf entre ses bras...
Allez, à demain, avec un peu d'indulgence, j'espère bien.

CONGESTION

Si je fais peu de cas de moi, je fais beaucoup de cas des autres. Trop peut-être, aux yeux de certains ? Puisque je me répète.
Car, tout compte fait, qu'ai-je à me soucier autant de mes congénères qu'ils crèvent dans la misère des rues, des bidonvilles, des bidon-veules, des banlieues ou des sans-lieux ?
Qu'ai-je affaire de toutes ces souffrances, violences, indifférences, complaisances, déchéances, dégénérescences et autres malveillances ?
Qu'ai-je à m'interroger avec tant d'acharnement sur le sens de nos existences ?
N'en ai-je donc pas assez de la mienne ? Pourquoi alors chercher à comprendre à tout prix l'incompréhensible ? L'Indicible ? Pourquoi chercher à percer l'essence de ce qui ne semble pas avoir de sens ?

Je n'ai aucune sagesse, ou si peu, j'en conviens. Je me pose trop de questions sans réponse. Je dépense trop d'énergie à dénoncer et à m'interpeller vainement sur une fatalité que je devrais fatalement et sagement accepter, comme le commun des mortels.

Je ne suis qu'un minable Don Quichotte au sang chaud pensant.

J'aimerais pouvoir m'en foutre de tous ces aléas, me dire que la vie indigente des trois-quarts de l'humanité n'est pas de mon ressort.

J'aimerais pouvoir me contenter de faire le con avec son con dans notre cocon complice, la conduire loin de tout ça, et moi avec, bien sûr, aux confins de nos concomitances conviviales et fécondes.

Me laisser porter par la vie et l'amour environnant. Rien d'autre. Ne plus me demander à quoi sert de naître si c'est pour survivre sans rémission et mourir dans les pires affres de la précarité.

Mais je ne peux pas ! Je n'y arrive pas.

Le Paradis a bon dos face aux arguties qu'on nous sert en apéro pour justifier tous les maux du chaos. Et le karma, inch Allah ! Comment se faire une raison dans de telles conditions ? Comment vous faites, vous ?

Bon, d'accord, je vous vois venir avec vos gros sabots : je suis le démenti par l'absurde de ce que j'argumente si obstinément, n'est-ce pas ? En apparence, seulement. Car je suis heureux, moi, plein d'allant et d'élans, moi. Je me régénère à coups de vie, à tour de bras, à fond la caisse, sans pataquès. Je trompe mon monde, moi, sous mes faux airs d'attrape-misères. Alors que j'arpente l'existence, charpenté comme un fureteur du bonheur possible.

J'ai tant d'amour, moi. Et tant de doutes à la fois, dès que je vois tout ce qui ne va pas au-delà de chez moi, à côté, si près et si loin à la fois.

J'ai tant d'amour entre ses bras. Pourtant, il est des jours où cela ne me suffit pas. Où j'aimerais que le bonheur ne soit pas qu'une chimère sans lendemain.

Où j'aimerais tant croire que la vie n'est pas uniquement une galère mais un grand parterre d'espérances.

Je peux rêver, non ?

DÉFLAGRATION

Et la femme, dans sa bonté, forcément incommensurable et désintéressée, façonna son mec, autant que faire se peut, à son image, évidemment, c'est plus sûr et moins compromettant. Donc à la perfection. Car penser le contraire, c'est-à-dire qu'elle pourrait être imparfaite, ce serait de la médisance pure et simple — plus simple que pure, du reste.

Enfin, façonner est un bien grand mot, elle le moula plutôt, à force de le malaxer avec cette pugnacité tellement féminine qu'elle n'a pas de synonyme ni d'égal.

Elle le transfigura à coups de défigurations progressives et spontanées. Lui cassant une côte au passage, pour lui faire comprendre que, dans leur histoire, l'os c'est lui.

C'est ainsi que la femme créa l'homme à sa mesure, avec l'ingénuité du tyran, la patience du reptile et l'obstination du rapace.

Après ça, on dira que je suis misogyne, bien sûr ! Et quoi encore, pourquoi pas sexiste ou machiste, pendant qu'on y est. Je fais un constat, un bilan aussi objectif que possible, comme tout bon aimant follement amoureux qui s'interroge en prose... Car il l'aime, sinon croyez-vous qu'il prendrait autant de temps à en parler et à se creuser les neurones pour tenter de creuser le mystère insondable de la scissiparité...

En vérité, la femme est comme ces orages qui balafrent l'horizon d'un trait lumineux, fulgurant ou cinglant. Un de ces éclairs qui foudroient l'amour comme l'espérance, la routine comme le silence, de mots qui zèbrent le sens autant que les sens.

Et je n'aime rien tant que les humeurs du ciel qui me surplombe de ses avances. Ses fureurs incandescentes qui claquent et tonitruent sans retenue autour de moi. Les nues qui déchargent avec fracas leur trop-plein de jouissance dans une allégorie dantesque de l'extase céleste, pendant qu'alentour pestent les frustrés du printemps.

Le ciel larmoie tout son soûl sur une nature sonnée, prostrée sous la gifle dégoulinante de dépit trempé. Mais la vie pointe toujours le bout de son nez dans un rayon de lumière ajourée de bonheurs. L'espoir dépasse l'indifférence et fait vivre les différences.

La maternelle fut, la virile était, l'authentique sera. Plus exactement, c'est la femme qui sera, sans l'ombre d'une hésitation. Bien que l'accouchement soit difficile.

Je l'aime. Immodérément. Parce que c'est elle. Parce qu'elle est femme. Parce qu'elle est belle et sauvage et drôle et fragile et femme et femelle et féminine et pleine de doutes et femme. Immodérément. Parce que l'amour n'aime pas la modération.

Il n'aime pas la raison, il n'aime que les saisons qui tissent le lit d'une passion, la vie d'une déraison gorgée de pulsions, de fusions et d'infusions. Je l'aime.

Parce que la vie est belle, lorsqu'elle est là.

CONCLUSION
très provisoire

Elle sort de la salle de bains encore tout humide. Et s'avance vers la fenêtre d'un pas léger et allègre, comme si l'eau l'avait allégée.

La végétation environnante protège sa nudité affranchie. Un rayon de soleil liche délicatement un sein encore tout alangui sur sa poitrine. Elle respire la liberté et le bien-être et le bonheur peut-être. Ce bonheur qu'il a tant envie de lui donner et de trouver auprès d'elle. Depuis qu'il l'aime telle quelle est. C'est-à-dire depuis toujours, comme toujours en amour — sinon l'amour ne rimerait pas à grand-chose, ce ne serait qu'un côtoiement plus ou moins précaire et consistant.

Elle le scrute en coin, tout en rassemblant avec soin ses cheveux dans une barrette bleue. Le mouvement soulève fièrement ses appas sol-air, pendant que son visage irradie de promesses sans frontières. Mais il n'a pas le temps.

Il écrit l'histoire d'une femme qui sort du bain et s'avance vers la fenêtre d'un pas fluide et allègre. La végétation alentour protège sa nudité libérée des regards indiscrets. Un rai de lune lèche, presque amoureusement, ses seins déjà assoupis sur sa poitrine, veloutée par le clair-obscur d'une nuit d'été. Elle respire la vie par tous les pores de son corps ragaillardi. Cette vie qu'elle lui insuffle depuis que le bonheur s'est glissé entre eux deux. Elle le provoque un peu du coin de l'œil, qu'elle a particulièrement mœlleux, tout en liant sa longue chevelure dans une barrette bleue...

Elle essaie de le détourner de sa flânerie poético-littéraire — car il se classe timidement dans la catégorie des poètes, tout en doutant d'en être vraiment un, comme tous les démiurges qui se respectent, toujours en attente d'un petit compliment pour les rassurer sur leurs capacités ou leur don —, et il sent une main sur son épaule, puis sur son cou, puis des lèvres la remplacent, et la main furète sur son torse perlé de sueur.

Mais il n'a pas le temps.

Il continue courageusement à mettre en forme son univers intérieur à la silhouette vaguement littéraire. Tandis qu'elle s'approche posément de lui, assidûment accroché à ses mots comme un poisson piloté par son ego. Elle se penche au-dessus de son épaule, son parfum légèrement fruité le cerne, l'enveloppant d'un halo de senteurs affriolantes, et pose une main... sur sa création en gestation, faisant ainsi écran à sa composition, l'ébauche du doux sentiment qui l'inspire ardemment, au point d'en oublier la nature incarnée, debout derrière lui, qui le poursuit obstinément, inexorablement, dans ses retranchements. Cependant, maintenant qu'il est coupé de son écran...

Car, ce que femme veut est un aveu de puissance. Dans lequel l'homme ne serait que son irrésistible œuvre, son insécable prolongement, qu'elle crée, recrée et décrée, patiemment, à son idée de vestale vitale, de pythie de la vie.

Mais il n'a pas le temps.

Ses doigts continuent à pianoter instinctivement sur le clavier galbé. Il la décrit se penchant au-dessus de lui qui écrit. Les poètes sont parfois aussi obtus qu'abscons, comme s'ils craignaient la vie, celle qui ne leur appartient pas, celle qu'ils n'écrivent pas, celle qu'ils ne créent pas, qu'ils ne riment pas. Le poète a ses raisons que la raison ne connaît pas. Triste oraison pour un peintre des saisons du cœur et du corps et de l'âme et de la femme. Pour un rêveur de mots.

Au stade où il en est présentement, il ne sait plus ce qu'il fait exactement. Ni ce qu'elle lui fait. S'il est dans le vrai ou dans le faux. S'il écrit toujours ce qu'il vit ou s'il vit ce qu'il écrit. Mais, dans le fond, il s'en fout. Parce qu'il a le temps. Le temps pour tout. « Le temps, le temps et rien d'autre » que cette main qui l'harmonise. Faisant monter en lui la musique du sens et descendre l'essence des échos d'un chœur joyeux.

Soudain, il abandonne son clavier.

Il est amoureux. Du temps qu'elle lui prend si délicieusement.

Errances versatiles
(Janvier-février 2008)

IN VINO VERITAS

Assis sur le lit
le corps alangui
et le cœur enjoué
le regard à vif de vie
et la bouche épanouie
il contemple le jour
il contemple l'amour
encore engourdi

Du bordeaux millésimé
tapisse le fond d'un verre oublié
il se rappelle l'avoir aimé
autant qu'il l'a désirée
cette nuit très tôt ou très tard
cela dépend du regard
qu'importe le crépuscule fut gouleyant
pour les papilles
et les pupilles
dilatées par un plaisir grisant

Il contemple le jour
il contemple l'amour
assis sur le lit
le corps ravi
et encore empli d'elle
il se lève et s'habille
vide le verre pour réveiller
les papilles puis la regarde
aussi nue que pleine de vie
pour s'abreuver les pupilles
une dernière fois
avant de s'éclipser en joie
vers le point du jour
sans autre détour

L'amitié est une empathie spirituelle
L'amour est une empathie physique
Le désir est une empathie charnelle

DÉCLINAISON AMOUREUSE

L'ennui lancinant des vieux amants étreints
par une libido éteinte
engourdit le temps qui trépasse insensiblement
Ici les jours et les heures se tricotent à petit bras
on se contente de bien peu parfois à cet âge-là
Le désir n'y est plus vraiment ni les grands sentiments
lorsque l'existence tient à des petits riens balourds
à des petits sourires arrachés comme des soupirs d'amour
Mais qu'est un amour englué dans ses habitudes ronronnantes
et dans sa propre lassitude ?
Enlacés mollement les vieux amants se dégourdissent
le cœur sans allant bien au chaud sous leur couette d'hiver
en plumes d'oie
Rien ne vaut le confort à cet âge où le corps s'endort
plus vite que l'esprit
Pourtant que c'est triste un amour sans entrain !

Le bonheur voluptueux des vieux amants amoureux
de leur tendresse légère
allège la vie qui les enveloppe ardemment
Le temps n'a pas d'emprise sur l'amour qui se décline
avec des saveurs infinies que l'âge enrichit
Et le plaisir de désirer est toujours aussi pétillant
entre les bras d'une complétude mutuelle
lorsqu'on se fond dans la plénitude d'un temps apprivoisé
Du reste que peut bien valoir une vie sans amour en fleurs
même dans la fleur de l'âge ?
Embrassés intensément les vieux amants s'épanouissent
dans des cœurs à corps qui s'apparient au fil d'une vie
en tissus de soi
Car tout vaut mieux qu'un amour sans âme quand l'esprit
prend corps encore et encore
Puisque rien n'est plus beau qu'un amour à jamais en partance !

MAUDITS POÈTES

« Moi, poète chétif
dans un corps maladif[7] »
par-delà les ères
j'écris et j'éclaire
des fonds de vies vannées
et des tréfonds germés

La poésie est partout
où la vie se déniche
où la pensée se niche
y compris dans les égouts

Elle Suinte les vers
tel un mal nécessaire
c'est un déversoir d'espoirs
un encensoir de maux noirs

J'ai bien trop de sentiments
d'incitations au-dedans
de tentations au-dehors
pour les noyer stupidement

Ah le gouleyant des mots
tressant le sens des maux dits
dans des rimes bien ourdies
qui doucement font écho

L'éternité du démiurge
lorsque son cœur s'insurge
guérit les rétifs esprits
des plus oppressants soucis

Mais suis-je poète vraiment ?
La question assurément
se pose sans a priori
pour être ce que je suis

---

[7] Charles Baudelaire, extrait de *À une mendiante rousse*, in *Les fleurs du mal*, Gallimard, 2007.

« Moi, poète chétif
dans un corps maladif[8] »
j'explore l'essence
qui pulse tous nos sens
sur un "bateau ivre"
jusqu'au dernier vivre

L'IMAGE D'ÉPINAL

Dans sa république de paillettes,
un Mickey démago
savoure enfin son ego
Hongrois ce qu'on veut
mais il a réalisé son vœu
Désormais, il en prend et en jette
avec morgue et talonnettes
N'est-il pas un roitelet conquérant,
lui, l'originaire d'ailleurs ?
Et tellement plus intelligent
qu'il vire ses « frères » et « sœurs »
par charters entiers ;
tout en baisant, ravi, les pieds
à Poutine et à Kadhafi,
la Bush en cœur et l'œil confit
Regardez-le gesticuler ses tics pour mieux vendre du toc,
tout en faisant du vent pour couvrir ses trucs ;
ainsi, lui qui voulait augmenter le pouvoir d'achat
a d'abord commencé par le sien, beaucoup trop plat
Pourtant, il trompe encore qui, à part
Rachida, Rama ou Carla, et quelques sherpas hagards ?
À ne savoir faire que des courants d'air
et des promesses d'apothicaire,
en se donnant des airs de grand frère,
son apparence politique
se résume à de l'apparat médiatique,
et à la culture d'une esbroufe

---

[8] Charles Baudelaire, extrait de *À une mendiante rousse*, in *Les fleurs du mal*, Gallimard, 2007.

qui ressemblerait à une mauvaise bouffe
Le cynisme en bandoulière
et le faste ostentatoire, il goûte le succès
tout en faisant payer les excès, tous les excès,
à de « chers concitoyens » abasourdis
depuis qu'ils lui ont dit « oui » !
Il aime tant les Ors de la République
qu'entre ses bras la démocratie coule à pic
à trop faire la pute avec un tel prédateur,
plus préoccupé d'être en première page
que d'apporter un peu plus d'honneur
et de cette grandeur qui font les sages...
Il s'en fout il est au-dessus de tout et de tous dorénavant ?
Mais qu'en diront les pauvres gens et le temps
de tant de mépris luxueusement étalé ?
Sarko scie la branche qui l'a hissé
au firmament et Sarko rit avidement
pour le moment.

LA BELLE ET L'IMAGE

Elle a bruni aux entournures
et a bien meilleure allure
depuis son coup de foudre foudroyant
entre Mickey et puis Cléopâtre
La vie c'est tout de même surprenant
lorsqu'on est une starlette idolâtre
Mais n'est pas Marilyn Monroe qui veut
surtout quand « Kennedy » est trop péteux
pour prétendre à une envergure
aussi internationale que sûre
Bah on se fait le cinéma qu'on peut
quand on tient à briller de mille feux !

VERS DE TERRE

Ci-gît à genoux
le cadavre cru
d'un poète fou
enfin parvenu
     à l'apogée de sa gloire entre la poire et le ciboire.
    C'est un grand poète maintenant qu'il est dans son trou
     il va pouvoir aligner les vers en toute tranquillité
    car ici la sérénité inspire des chefs-d'œuvre oubliés
       au cours d'une vie trop agitée
Ci-gît bien debout
le cadavre nu
d'un poète doux
enfin devenu
    ce qu'il avait toujours rêvé d'être : plus léger que ses vers
   et composant de la poésie plus éthéré que le jour qui l'avait vu
        naître
   ici il va créer pour l'éternité faute d'avoir créé pour la postérité
     l'âme vagabonde et alerte dans l'univers
       du Grand Mystère

ARRÊT SUR IMAGE

Forêt de givre
sous un ciel plombé
l'hiver scintille
dans un silence glacé
Immaculée réfrigération
perlant les branches
d'une douce réverbération
où la lumière s'étanche
Sous la chaleur blanche
d'une couette endormie
qu'il fait bon rester au fond du lit
Le temps semble immobile
et le souffle plus tranquille
dans cet air mordant et plein de vie
L'hiver s'est installé devant ma fenêtre
la nature est blême comme la nuit
Janvier se réchauffera peut-être
mais en attendant la vie
se déploie au ralenti sous ma fenêtre
Viens sous la couette hiberner encore un peu
l'existence est plus douillette à deux

REGARD DE VELOURS

Elle a un regard de velours
qui pétille la vie
comme l'épicurienne qu'elle est
avec une confondante évidence
naturelle l'évidence de celle
qui a vaincu l'absence
ligotée derrière une vitre

Elle a un regard de velours
qui respire l'amour

comme l'hédoniste qu'elle est
le cœur rempli d'une générosité
qui déborde de ses mains
sous un florilège de tendresse
en quête de soie

RUPTURE D'ANÉVRISME

La déconfiture (des autres) sous couverture d'ouverture
et pour manifeste politique quelle ambition de taille !
Il aime couper l'herbe sous les pieds
des partis pris à se bouffer le nez
Il a bien raison les autres sont trop cons
pour sa stature de David épileptique
LUI qui a su RASSEMBLER autour de LUI
en même temps les a tous baisés
vulgairement parlant bien évidemment
Un manque d'entraînement sans doute
mais la plupart ont la goutte... qui leur pend au nez
comme de la morve médiatique
D'ailleurs pour montrer quoi
lui au moins il en fait voir pour son argent
ne fait-il pas du bateau et du Navion
grâce au beau (vous) l'aurez au tournant
C'est un vrai call-boy notre Mickey arrogant
d'opéra bouffe et de ringardises concentrées
il se vend comme il respire et on achète avidement
Il aime trop les culbuter notre Al Capote
tous ces adversaires encore trop mal embouchés
pour lui faire le moindre courant d'air
Mais quelle bonne année ils vont pouvoir passer
à le regarder s'agiter sans rien faire
Alléluia la ploutocratie est en marche
il lui a lui-même souhaité bonne année
et à tous ses amis très friqués
tous ceux avec qui il bâtit son Sarkoland
à l'échelle de notre hexagone en plus...
pour faire grimper le pouvoir d'achat sûrement
Reconnaissons-le : la morve du moustique est bien accrochée

au moins autant que ces idées sont arrêtées
Tellement arrêtées qu'elles commencent déjà à s'essouffler
mais le pont d'Arcole est bien loin mon général
il faudrait peut-être songer à se calmer un peu
car la Joséphine elle attend d'être engrossée à l'Élysée !
Pendant que « Jeanne d'Arc » se morfond royalement
au pied du trône qui lui a échappé...
La politique ce n'est plus ce que c'était
vraiment pas.

LE GOUDA ET LA GELÉE

La gauche n'a plus de gauche que le nom
— comme le centre n'a plus de centre que la prétention —
on a les ambitions qu'on peut quand on n'a pas de vision
Mais le gouda est de moins en moins gratiné à force d'être éculé
un has-been qui aurait préféré se voir plus grand
se rêve toujours... en quoi ? Le sait-il ? Après la gelée
qui a dégouliné sur son veston en pleine partie de campagne
il va essayer de s'en faire une alliée de futures campagnes
On a la compagne qu'on peut quand on peut peu
et qu'on aimerait beaucoup sans avoir vraiment d'idées
à mettre sous la dent de ses chers socialistes
Et elle qu'a-t-elle après sa chevauchée solitaire
de pasionaria mal aimée et autoritaire
pour tout dire incomprise mais droite dans ses talons
la politique comme le pouvoir c'est une passion
tellement dévorante que même une gelée défaite
une gelée de coings bien vosgienne
comme à Domrémy ou pas loin
une gelée de quoi ?
Allez savoir avec la gauche on ne sait plus
avec la droite non plus mais il étale tellement
sa confiture pour (mal) cacher son inculture
qu'il trompe presque tout le monde
c'est facile d'être contre encore faut-il savoir pourquoi

La mystique du crapaud
(Août 2008)

POÈME DE LA FIN D'UN MONDE

Toutes les larmes de l'être
se délitent goutte à goutte
sur le rebord du tant
tant va la cruche à l'eau...
La poésie n'est que tourments
allons enfants
la patrie est partie dans les décombres de nos sentiments
des lambeaux de cœur
parsèment
la nuit
de chairs à vif et à sang
de navets navrés d'être indigestes
Et elle toute nue qui déambule sur sa voie
avide de vie
avec le charme d'une vie avide de voix
solitude affective contre plénitude effective
pour ne pas compromettre l'éclat de sa lumière qui vacille
au vent mauvais des vétilles
allons enfants
le jour de gloire a perdu de son allant
Et lui tout nu qui déambule hébété
sur le fil de sa virilité prostrée

Elle est si belle et si fragile
à la croisée de nos vérités
allons enfants allons enfants
il faut grandir
maintenant

RENCONTRE

Saveurs de corps
à corps
senteurs de chairs
accords
pénétrer les échos
de l'écoute
au plus profond
de leurs décibels
attirer par la force de l'attrait
ils s'aiment
malgré tout
encore

L'AMOUR D'ABORD

Il et elle
elle et moi
nous
sans tabou
au bout de tout
cœurs accord
cœurs encore
pour elle qui s'épanouit
avec elle qui éclaire la vie
de son être sans paraître
au cœur de tout
cœurs à corps
cœurs amor
il et elle
elle et moi
nous
debout
regards doux
posés sur
un amour en partage
un amour en partance
vers la confluence
De nous ?

PARDON

Je l'aime si fort
que le temps se délite irrémédiablement
lorsque l'amour s'enfonce dans les tourments
mais je l'aimais trop mal pour entendre ses sentiments
pour comprendre son besoin de liberté véritable
et ses sentiments se sont échappés...

Je l'aime si fort
ma Lune d'amour ma Vénus d'Angkor
que le temps n'a plus d'importance désormais
il est le temps d'une vie qui se pense et s'épanouit
au rythme d'un amour qui dispense sa grandeur
à la beauté des jours qui s'élancent en silence

Je l'aime si fort
que m'importe les portes qu'il faut enfoncer
il suffit d'ouvrir la fenêtre au cœur
pour s'envoler vers des horizons sans détour
porté par l'étrange sérénité d'un détachement
inconditionnel qui épanouit l'amour d'une vie

Je l'aime si fort
que seul l'éclat de ses yeux suffit
à rendre la moindre respiration du temps
aussi légère que l'harmonie d'une mélodie de vie
à la croisée de sa symphonie
je l'aime si fort

CYCLOTHYMIE

Je crève
j'ai mal
je suis lourd tellement lourd
et léger heureux
je suis une balle vertigineuse
qui rebondit et s'écrase
et s'écrase et rebondit
dans un chaos qui se construit
déflagration
évolution
je crève
j'ai mal
j'ai peur je meurs
je crois puis je doute puis je doute et je crois
et je crois peut-être aussi dans mon cœur et dans ma tête
qu'est le malheur qu'est le bonheur
tout n'est que vanité tout n'est que vain
j'ai tant d'appétit et je n'ai plus faim
je crée et je vomis ce que je crée
comme une urgence purulente
et si demain sonnait le glas de mes espérances
et si demain était une autre chance
je crève et je pense

DESTINS

l'humour en bandoulière et le cœur à l'envers
la douceur à fleur de peau
et l'amour à bout de bras
elle avance la chèvre en mal de soi
elle avance gaillarde et généreuse
dans le silence de nos paroles hagardes
l'humour en bandoulière et le cœur fier
d'être ce qu'elle est et ce qu'elle sera forcément
mais que sera-t-elle
la chèvre au regard de soie

Dieu si vous croyez en moi
libérez-la
donnez-lui les ailes de son destin
de son festin humain
Dieu si vous croyez en nous
ouvrez-nous le chemin
tendez-nous la main
vivre est une interrogation sans fin
je suis qui je serai
mais qu'est être
un chaos en construction
je suis le big-bang de moi-même
épuisé d'imploser
qu'elle est belle qu'elle sera grande
la chèvre libérée de toute attente
l'humour en bandoulière et l'âme vaillante
Dieu si vous saviez

DÉCRÉPITUDE

Mourir à qui mourir à quoi
pourquoi faut-il toujours mourir pour renaître à soi
et pourquoi faut-il renaître si c'est pour remourir jusqu'à n'en plus
pouvoir de vivre
je meurs pour croître
dans la lumière de ton être
j'ai si peur de croire
le cœur broyé de désespoir

Vivre pour qui vivre pourquoi
comment vivre lorsque le cœur n'y est plus
et comment vivre si c'est pour mourir encore et toujours sous le
marasme de ses jours
je vis par amour
dans la lumière de ton être
qui éclaire mon hébétude

Où sont les certitudes ?

Je suis décrépit d'exister encore
je suis avide d'exister toujours
pour toi pour nous pour eux
pour que la vie survive à l'amour
pour que l'amour renaisse à la vie d'un autre jour

ESPOIR FOU

Croire encore au possible
à la lumière qui nous a créés
à la vie qui nous a éblouis
nous emportant vers les rivages
d'un nouvel été en hiver

Croire toujours à la possible reviviscence
d'un amour au bord de l'absence
d'un bonheur prêt à renaître de ses cendres
comme un sursaut de vie
au sortir d'un mauvais jour

Comment ne pas croire au possible
rebond de nos cœurs alors que
l'amour respire encore
j'ai tant besoin de croire à demain
celui qui me fait vivre au seuil
de la fatalité depuis toujours

Dis-moi que je peux croire encore
un peu

BOTANIQUE

Majestueuse orchidée
si intense
qui s'avance vers mes yeux
pleine de son élégance
immaculée
belle comme l'absente
que je cherche des yeux
et du cœur

Le ciel est moins bleu
lorsqu'elle a disparu dans l'horizon
m'abandonnant aux lignes déliées
d'une orchidée qui s'élance
dans le silence de mes pensées
majestueuse et intense
devant l'absence de mes yeux

Pourquoi faut-il atteindre l'indigence
pour toucher à la vérité d'une résilience
je suppure son absence
le cœur en croix et l'âme en feu
effeuillant du regard une orchidée
qui caresse la lumière d'un jour
en mal de sa présence

QUESTIONS SANS FIN

Je comprends si peu

quand s'égare-t-on dans les travées de son devenir
peut-on saisir l'instant où l'amour devient un égarement
est-ce utopique d'aimer malgré tout d'espérer par-dessus tout
mais qu'est-ce qui est impossible ou possible
je suis un puits de questions
je suis le fruit de la déraison
mais qu'est la raison qu'est être raisonnable

elle est là-bas je suis ici
est-elle loin de moi suis-je en sursis

Je comprends si peu

les déferlantes s'abattent sur l'esquif de mes désarrois
avec fracas
va vogue vers la virulence de cette vacuité voûtée
vain tout est vain
je suis vaincu par moi-même
quel est le cours de mon destin de notre destin
est-ce qu'il est entre Tes Mains
peut-on rendre l'éclat à l'amour blessé par un contre-jour
j'aimerais tant continuer à grandir à la chaleur de son amour

Je comprends si peu

PRIÈRE PAÏENNE

Comme une fleur régénérée
elle s'étire au soleil de son être
déployant lentement ses pétales
au souffle exaltant d'une vie retrouvée
Alentours l'horizon s'étend doucement
pour mieux envelopper sa lumière libérée
lui donnant ainsi un éclat renouvelé
Surtout ne pas la laisser reflétrir
cette fleur pleine de vie
surtout pas
Protégez-la de cette tentation-là
Prenez-moi mais ne la perdez pas
surtout ne la laissez pas se perdre
surtout pas
Pourquoi ne sais-je me tourner vers l'Infini
que lorsque la nuit tombe sur l'hécatombe de mes jours
POURQUOI
à force d'être inflexible avec le temps le temps m'a plié
Je suis un mécréant d'amour
je suis un mystique solitaire un voyageur égaré sur sa propre terre
je suis tout je suis rien

je suis le mal et je suis le bien
je suis ce que je serai mais pas ce que j'aurais voulu être
je suis humain
Tristement et fabuleusement humain
le regard et la main
posés sur une fleur régénérée

CONFUSION

Que le Ciel nous ouvre les yeux
sur un horizon plus lumineux
sur des jours plus ouverts
que le Ciel se joigne à la Terre
pour féconder la terre au bonheur des cieux
labourer le socle de son être
pour mieux récolter les fruits de son âme
vivre est une lame qui transperce les plus frileux

Que le Ciel m'ouvre les yeux
pour mieux croître au milieu d'une altérité foudroyée
Je suis le ciel et la terre
je suis mon propre enfer
le paradis est à portée de main le chagrin aussi
trouver le divin et se perdre le regard empli de son parfum
Pourquoi la beauté éclot-elle au petit matin
dans les clapotis de nos égarements sans fin
J'aime une femme aux parfums naissants
j'aime la flamme de son être embrasant
Que le Ciel m'ouvre à la Terre
celle que jamais je n'aurais dû quitter
pour un enfer pavé de bonnes intentions

Que le Ciel apaise mes ultimes travers
et je m'élèverai au-dessus de la terre
pour caresser ses yeux

ÉCHANGES

Dites-moi qui je suis
et je vous dirai où je vais

Donnez-moi du sens
et je vous donnerai mon essence

Ouvrez-moi les yeux
et je vous ouvrirai les cieux

Embrassez mes seins
et j'embrasserai les siens

Embrasez mes sens
et j'embraserai sa présence

Délivrez-moi du mal
et je la délivrerai du mâle

Libérez-moi de mes entraves
et je la libérerai de ses épaves

Mais vous, de quoi faudrait-il vous décharger ?
De moi-même, d'elle, de nous ?
La vie s'en chargera bien elle-même
elle se charge de tout...

CRÉATION 2008

Si vous saviez dans quel gadin je me suis fourré. Je ne sais faire que ça. Après le Scorpion, le Bélier. Après la queue, les cornes. Je n'arrête pas de me faire rentrer dedans et sortir dehors. Mon Dieu, Vous n'en avez pas assez de vous acharner sur une pauvre créature en situation de très très très grande dépendance... affective et effective.

Franchement, faudrait pas pousser. Une fois ça va. Mais deux, bonjour les tracas, les dégâts et les cancrelats psychiques. Je sais que Tu es Tout-puissant mais quand même, un peu de mansuétude et de prévenance ne fait de mal à personne, surtout pas à moi. Je n'ai rien contre les cocotiers, la mer qui me lèche les pieds et les pieds en éventail, les Marquises à perte de vue, et le bonheur comme seule issue.

Non, au milieu de ces bestioles que tu m'envoies si prestement, je caracole bêtement comme un dindon allumé autant que plumé jusqu'au sang. À tel point que je cherche la farce...

C'est vrai quoi, il est superbe et si grand le bélier qui se prend pour une chèvre en mal de pâturages et de labourages d'horizons ardents, après avoir pioché un horizon ardu, le mien, évidemment. T'aurais au moins pu mieux éduquer ma mère pour qu'elle me prévienne de cet enfer. Non, même pas ça. Tu l'as voulu, tu l'as eu. Tu voulais refaire un petit tour sur Terre pour jouer les fiers à bras et les forts en thème. Verser dans la bohème, les poèmes, les anathèmes et les chrysanthèmes, alors assume ta peine et enterre tes ultimes illusions. Dieu est sans concession. Et je suis sans rémission. Comment avancer dans ces conditions, le regard embué et le cœur ensuqué par les bourrades d'un bélier à peine sevré.

Si vous saviez dans quel merdier je me suis fourré. Le doigt dans le nez jusqu'au fin fond du tréfonds de moi-même, à en toucher l'orteil de Dieu mais pas sa pitié. Quand faut y aller, faut y aller, pense-t-Il du haut de son trépied. Sache mon fils que « gémir n'est pas de mise » lorsqu'on veut mériter de s'élever, me dit-il entre deux Avés. Mais je voulais juste me lever pour vivre comme tout le monde, ai-je essayé d'expliquer. Cause toujours...

Et moi, tout éthéré, je panse donc j'essuie les plaies d'une vie bien trop chahutée entre un Scorpion en mal de positivité et un Bélier en mal de liberté. Et moi, je suis en mal de quoi ? Mâle déconfit comme le corbeau sur sa branche... La tête comme un gruyère et le cœur par terre.

Soit, c'est pour mon plus grand bien (c'est toujours ce qu'on dit aux gamins), il faut souffrir pour être beau. Mais m'a-t-on demandé si je voulais être beau ? Être con m'aurait peut-être suffi ? Allongé sous un chêne, entre une libellule et une gazelle.

Mais comment t'en vouloir de toutes ces histoires ? Elles sont si belles ces bestioles à qui l'on donnerait le bon Dieu sans confession avec une prime d'idéalisation. Ainsi, la chèvre devenue bélier, ou l'inverse, j'en sais plus trop rien, que je l'aime lorsqu'elle me fait le bouc et les ourlets de mon cœur en morceaux. Que j'aime sa douceur et sa bonté, sa beauté et son humanité ! Mais, Dieu Tout-Puissant, tu es miséricordieux et je ne le suis pas, alors puis-je écrabouiller le ver de terre qu'elle est en train de suçoter, ma chèvre libérée ? S'il Te plaît, je ferai attention à ne pas trop le blesser pour ne pas me faire gronder.

Tu peux bien comprendre ça ? Tu n'es jamais passé par là, Toi ? Dans cette essoreuse à sentiments, ce laminoir à déraison ?

Je veux aller à la maison.

En tout cas, je Te préviens c'est la dernière fois que j'encaisse l'addition. Ne joue plus avec mes nerfs en queue de poisson, j'ai le cœur trop fragile pour jongler avec la raison. Mon âme a besoin de pâmoison dans un champ de fleurs qui égayent mon horizon. Après je songerai à entamer ma rééducation pour ingérer un peu de renoncement sur un zeste de détachement. Mais faut pas me bousculer. Laisse-moi le temps de respirer. Et de savourer le bonheur de l'aimer.

Car je l'aime le bélier que tu m'as envoyé... Il a un humour tellement singulier et un amour que rien ne peut arrêter. Sinon la fin du chemin que Tu lui as dessiné.

Qu'elle est belle la destinée ! Un *Kinder* à presque chaque repas. Quelle création quand même pour des créatures en mal d'elles-mêmes ! Si ça ne Te dérange pas, je vais aller me mettre un peu de destin sous la dent, Dieu Tout-Puissant.

Et après, j'irai chez Trigano, juré, craché, depuis le temps qu'il m'attend celui-là, ses pieds ont dû desquamer dans l'eau.

QUESTIONNEMENTS

Nos cœurs sur un rasoir
nos esprits dans une passoire
et nos âmes chavirées
par un amour malmené
un bonheur surmené
nos âmes que nos regards ont liées
se contractent et s'aspirent
dans une palpitation d'amour
qui émeut un temps suspendu
à nos contre-jours

Nos âmes sur la lame émoussée
de nos esprits trébuchants
dans nos cœurs maltraités
interrogent l'amour
qu'irradient depuis toujours
nos yeux au sortir de la nuit
nos âmes qui peut les délier
qui peut les éteindre
si ce n'est la flamme de nos yeux
étouffée par la cacophonie de nos esprits

ALÉAS

J'ai ri j'ai pleuré j'ai écrit j'ai interrogé
j'ai rapetissé et j'ai désespéré
sous les coups d'une destinée désarticulée
la roue a tourné la roue tourne toujours
comme un pal inflexible qui vous déchire sans retour
en un impitoyable supplice parfumé d'amour
Aime et tu seras aimé
mais peut-on aimer sans blesser
le regard posé sur l'horizon
sur le rebord d'un temps si impalpable
J'ai ri j'ai pleuré j'ai écrit j'ai interrogé
j'ai grandi et j'ai espéré
le passé s'est décomposé le présent m'a conquis le futur me vaincra

avec la hardiesse d'un cœur régénéré
j'ai le bonheur que je suis
et je suis le bonheur que je construis
de mes yeux éclairés par une sagesse éplorée
de mes yeux posés sur chaque brin de vie croisé
comme une caresse déposée sur des vies éveillées
qui peut me dire qui je suis et où je vais
j'ai tellement peu le sens de moi que j'en perds le sens de l'être
Je ris je pleure j'écris j'interroge
croire pour croître ou croître pour croire
je ne sais obéir qu'à la croissance de jours
qui mènent à la croyance d'un bonheur sans détour
Grandir au creux de ses yeux et mourir le cœur enfin heureux
comblé d'avoir donné la lumière qui le proclame
comme on offre son âme à l'immensité des Cieux
Croître toujours pour croire encore à la rédemption de nos cœurs
portés par l'épiphanie de nos âmes

MOURIR

Mourir entre ses bras
le cœur libéré d'exister
des jours et des nuits
des nuits et des jours
des tourments de l'amour
Mourir contre son cœur
pour conjurer le malheur
de ces jours et ces nuits
ces nuits et ces jours
à malmener l'amour
Mourir les bras en croix
de s'être crucifié nu
des jours et des nuits
des nuits et des jours
sur la voie de l'amour
Comment renoncer à l'éclat
de sa vue de sa voix de sa vie
sans renoncer à tout ce qui fut nos émois
illuminera-t-elle un jour encore ma joie
des jours et des nuits
des nuits et des jours

LIVIDE

Seul
en cet espace plane
drapé de désespoir et de nostalgie
dans l'immensité désolée
d'un lit vide de toit
de joie de nous de tout
désolation incommensurable
que cette solitude-là
que sanglotent des draps livides et froids
comme la nuit qui m'engloutit à chaque fois
dans un lit vide d'émois
Dormir est un calvaire
qui plonge la tête en enfer
l'enfer des mots que ressasse l'esprit
errant dans la solitude livide et désespérée
d'une chambre qui ne sait plus respirer
Que les apnées de l'amour
démembrent les cœurs sourds
en un effeuillage de sentiments
qui se noient insensiblement
sur le champ dévasté
d'un lit vide d'elle
Ange aux ailes cramoisies
qui s'est envolé
loin du nid qui nous avait fondé
pour mettre du baume sur sa vérité

SON CORPS

Son corps de lumières et d'ambre
élancé vers la vie
Ne m'enlevez pas son corps
aux élans si tendre
son corps de maturité
et de volupté

corps d'amour
fluide et généreux
comme le regard qui scintille
au cœur de ses yeux
Ne m'enlevez pas son cœur
au corps si radieux
son corps
au cœur si exaltant
corps à la féminité trouvée
corps à la vérité déployée
sous les fenêtres de vos préjugés

Laissez-moi encore respirer ce corps
qui m'a éveillé
Laissez-moi encore contempler ce corps
qui m'a révélé
Laissez-moi encore savourer ce corps
qui m'a effeuillé

Laissez-moi encore le toucher
l'embrasser et l'honorer

Et vieillir contre ce corps libéré
et m'envoler empli de son parfum éthéré
le cœur épanoui
de l'avoir aimée

ÉLÉGIE POUR UNE ÉGÉRIE

Le sourire au fond des yeux
l'amour au coin des lèvres
le cœur relié aux cieux
le corps à la croisée de soi
et l'esprit en mal d'être
elle va elle va
vers où elle ne sait pas
elle va elle vient
sa vie entre les mains
mon cœur entre les bras
et l'amour comme seul chemin

comme unique voix
elle va elle va
vers sa voix je crois
avec son aérienne joie
elle va elle vient et j'espère
au bord du chemin
que la vie nous happe
un sourire au fond des cieux

PRIÈRE BLESSÉE

J'aimerais me blottir contre elle
et m'endormir à jamais
le cœur hirondelle
de l'avoir tant aimée

J'aimerais me blottir contre elle
et m'endormir sans jamais
m'appesantir sur les regrets
de vaines éventualités

J'aimerais me blottir contre elle
et m'endormir apaisé
de me sentir à nouveau aimé
par la femme qui m'a créé

J'aimerais la blottir contre moi
et la sentir s'endormir
heureuse de s'alanguir
à nouveau dans notre joie

J'aimerais que j'aimerais
croyez-moi

JARDIN

Le soleil comme une étreinte
sur le sol de nos astreintes
éclaire une végétation éteinte
que des mains ont repeinte
Et du chaos peu à peu
naît l'harmonie sous les cieux
Engendrer la beauté
comme on engendre l'amour
par petites touches
et la patience des jours
Ainsi se déploie la vie
au rythme de nos émois
au long cours
Au gré de ses mains
qui recréent jour après jour
les contours de ce qui n'a pas été
et sera un jour
un jardin d'amour...

Je ne suis qu'une fleur entre ses doigts
de velours
je ne suis qu'une fleur qui éclot et croît
sous le soleil de ses jours...

JOURS

Demain est un autre jour
après-demain aussi
toute la vie est un autre jour
qui s'ajoute jour après jour
aux jours qui précèdent
et se soustrait nuit après nuit
aux jours qui suivent

Demain est un autre jour
où l'amour peut renaître
à l'amour comme un phénix
aux plus beaux jours
d'une vie que régénère
le mouvement d'un temps
en partance pour de nouveaux jours

Que j'aime les possibles
des jours à venir
du temps qui passe
et nous trace jour après jour
nuit après nuit
un sentier où l'amour
soudain se révèle être une vie

Je ne te ferai rien
je resterai immobile contre toi
sans un mot sans un feu
je goûterais juste en silence
la chaleur de nos êtres retrouvés
juste la douceur de nos émois enlacés
je ne ferai rien
qui puisse réfréner l'élan qui nous construit
j'ai trop peur de la nuit
j'ai trop peur de briser le fil si ténu
qui nous relie
L'amour est précieux
bien plus précieux que la vie

EGO DISSOUT

Je suis fort je suis faible
je suis tout je suis rien
un jour par-ci un jour par-là
amoncellement de joies amoncellement de peines
la vie est un entrelacs d'êtres
qui s'entrechoquent et s'entrouvrent
sur un humble horizon de soi

NAUFRAGÉ

Que j'ai le mal de toi
au fond d'un lit sans foi
crois-moi
j'ai tant le mal de toi
que ma vie s'englue 100 fois
par jour
D'ailleurs
je ne vis plus qu'en jour
pour ne pas trop souffrir
à la fois
je ne vis plus qu'en jour
pour mieux espérer ton retour
une fois
au fond d'un lit sans foi
où j'ai le mal de toi

MEA CULPA MAXIMA

J'ai fauté j'ai payé
je crois
j'ai payé quoi et à qui
la vie est une machinerie
à la logique illisible
et si inflexible
grandir n'attend pas
lorsque l'heure est là
J'ai fauté j'ai appris
je crois
que je suis prêt
cette fois
et toi ?

AUJOURD'HUI PEUT-ÊTRE OU ALORS DEMAIN

Viendra viendra pas
dans ce lit froid
où les poux étalent leur joie
les pattes posées en travers
de mon cœur à l'envers

Viendra viendra pas
le soir où elle sera là
couchée tout contre moi
heureux d'avoir atteint le rivage
nous dormirons à l'unisson

Viendra viendra pas
un jour elle viendra
demain ou après-demain ici ou ailleurs
dans un lit si chaud
qu'il fera battre nos cœurs à nouveau

Pour les siècles des siècles au moins
et pour le meilleur Dieu m'en est témoin

CHEMIN D'AMOUR

Atteindre la flamme de la femme féline
qui flâne auprès de moi
pour frôler la fragile foi de son feu
qui flamboie à côté de moi

Mais comment l'atteindre

Et éteindre le doute dur et dantesque
qui déchire encore nos yeux
afin de déplisser la douce digue d'amour
qui se déploie sous nos cieux

Mais comment l'éteindre

Et rejoindre la lumière légère et libérée
qui luira sur l'onde de nos âmes déliées
pour larguer la lourdeur lancinante
qui avait ligoté nos cœurs essoufflés

Mais comment la rejoindre

En ouvrant son cœur ?

PRINTEMPS

Dieu
crois-Tu que l'hirondelle
reviendra poser ses ailes
sur le cœur du crapaud vermicelle
transi au bord de son étang

Il coasse sa peine et déblatère
comme un vieux chameau
revenu de tous les maux
et de toutes les blessures
qu'un mâle porte sous ses oripeaux

Crapaud en grenouillère
brisé par l'hiver d'une saison
en enfer il fait si froid en été
parfois lorsqu'on oublie d'écouter
le chant de l'hirondelle libérée

Dieu
y aura-t-il à nouveau un printemps

ÉCRITURE EXTRÊME

J'écris pour avancer. J'écris pour panser. J'écris pour ne pas penser.
J'écris pour compenser. J'écris pour espérer. J'écris pour croire.
J'écris pour m'élancer. J'écris pour bouger. J'écris pour prodiguer.
J'écris pour appeler. J'écris pour apprendre. J'écris pour comprendre.
Mais pour comprendre quoi ? Pour comprendre qui ? J'écris pour me
trouver. Écrire comme une prière que l'on voudrait partager, une
prière d'insérer et de décortiquer un peu des mots qui m'ont fondé.
J'écris par amour. J'écris pour l'amour. J'écris pour être aimé. J'écris
pour l'aimée. J'écris d'aimer. J'écris pour exister. Mais existe-t-on
jamais ? J'écris à satiété. J'écris pour oublier. J'écris sans écrire
comme si j'étais écrit par ce que j'écris. J'écris avec avidité. J'écris
avec sérénité. J'écris en apnée. J'écris dans l'urgence. J'écris pour une
postérité a posteriori. La postérité des maux écrits en sang coagulé.
J'écris l'essence de mes sens et le sens de ma vie. J'écris ma quête.
Comme on écrit une requête. J'écris pour me créer. J'écris pour
respirer.
Je ne sais pas écrire pour écrire. Je suis un écrit-vain.
Si vain.

DÉFOULEMENT SCHIZOPHRÉNIQUE

Écrabouiller le ver de terre angoissé comme une moule accrochée à son pied et hurler sa peine devant ce lombric anathème, le crapaud ne cesse d'y songer. Faut quand même pas charrier, maintenant que l'huître qui l'habite l'a lâchée, la princesse égarée, elle se retrouve avec un autre mollusque mal famé[9]. C'est à en perdre la boussole et le parasol. Pour des bivalves, ils sont gonflés.

Enfin, faut pas charrier mais faut être indulgent car c'est dur pour un pauvre ver de terre de devenir grand, surtout si sa « moule » est bien plus en mal de mer que d'océan !

Pendant ce temps, l'huître désormais dégorgée bâille ses tourments, son regard de crapaud aillé tourné vers un firmament iodé. Entre l'aimant, l'amant et la princesse, se rejoue un *Jules et Jim*[10] quelque peu poisseux et grumeleux, mais comme elle aime les boutonneux, la princesse de feu, elle patauge comme elle peut entre ces deux amphibiens anoures faute d'être amour. On a ici-bas les tranchées que l'on peut, n'est-il pas chers amis batraciens ? Quoi qu'il en soit, qu'est-ce que les sentiments sont gluants lorsque l'amour est englué dans une valse à trois temps que, en son temps, Brel n'aurait pas renié !

Équeuter le ver de terre, le castrer, le segmenter jusqu'à le rendre d'une insignifiance tout juste bonne à être essaimée allègrement, il ne pense qu'à ça, de plus en plus souvent, le crapaud malmené.

Que de violence, s'indigneront les bonnes engeances qui peuplent mes environs et aussi les vôtres très probablement, si vous n'en faites pas déjà partie assurément ! Qu'y puis-je, je suis un crapaud sans autres dents que mes mots ? Et il faut bien de temps en temps se faire les crocs et se divertir un peu... lorsqu'on est amoureux, éperdument amoureux d'une grenouille verte de moins en moins inerte.

Dire que le crapaud l'avait métamorphosée en princesse après beaucoup beaucoup de baisers et de conseils stylisés et que maintenant il la voit s'épiler pour un lombric exhumé à coups de burin et de chagrin implorants. Mais les impératifs de l'amour ignoré les ont rattrapés malgré les coassements tonitruants du crapaud

---

[9] Pour une meilleure compréhension : la moule représente les angoisses du ver de terre et l'huître, celle du crapaud.

[10] Roman de Henri-Pierre Roché et film éponyme de François Truffaut, 1962.

malentendant et spécialement dépassé, presque en coma du même nom mais pas pour les mêmes raisons. Quoique.

Cette histoire est compliquée. Très. Je sais. Mais c'est une histoire d'amour, une vraie. Où tout le monde nage à contre-courant pour ne pas se noyer dans les sentiments, tout en s'y perdant. Car c'est une noyade radicale, une de celles qui vous lave même le fondement, qui les attendait au bord de l'étang. En attendant l'enterrement, comme dans tous les faits et gestes divers et variés où s'entrechoquent des vérités difficiles à enterrer, des vérités où la virilité s'est fourvoyée... Pendant que la princesse continuait à s'épuiser pour exister à elle-même.

Et la morale de cette histoire — il y a toujours une morale quelque part —, c'est qu'il faut laisser des batraciens mal léchés se dépatouiller tout seul dans leur gadoue glauque pour mieux se consacrer à son ego dissout dans ses dessous froissés à force d'avoir été profondément blessés. Comprenne qui pourra.

Ego te absolvo, me dit la voix compatissante de Père-Mère et Saint-Esprit, le tout en un et à crédit, car Eux Ils ont compris que le crapaud, derrière ses faux airs de buffle, finalement est plutôt gentil, une fois que l'huître en lui a grandi. Mais il faut bien qu'il s'exprime de temps à autre pour ne pas laisser le ver de terre jouer à la coquille Saint-Jacques décomposée.

POUR UNE BLONDE

À Emma

Une blonde toute ronde
rit la vie qui lui sourit
elle rit et elle pleure
avec le même entrain
et la même faconde
qu'elle déroule ses envies

C'est une blonde très carrée
aux yeux qui pétillent à la vie
comme des perles éblouies
derrière un écran de fumée
et de rêves aussi généreux
qu'un tantinet singuliers

SUPPLIQUE

Dites-moi qu'elle reviendra
si Vous croyez en moi
comme je crois en elle

Dites-moi qu'elle posera
encore une fois ses mains
sur mon être en apnée d'elle

Je suis persona non grata
entre ses bras
je peux me gratter je crois
j'ai tout raté
je suis persona non grata
entre ses bras

Dites-moi qu'elle m'aimera
encore le corps en joie
tout contre moi

Dites-moi qu'elle reviendra
le regard heureux
de nous être retrouvés

Je serai à nouveau persona grata
entre ses bras
et je pourrai engendrer
de nouveaux émois je crois
car je serai alors persona grata
entre ses bras

SES YEUX

As-Tu vu les reflets dans ses yeux, lorsqu'ils se sont posés sur moi ? As-Tu vu l'émoi amoureux qu'ils distillent en me regardant ? Ce regard si doux et si ardent, qu'elle posa sur moi il y a si longtemps et il y a peu à la fois, ce regard est là devant moi, dans ses yeux si doux et si ardents. L'as-Tu vu Dis-moi ? Il était si doux et si ardent posé sur moi ce regard d'aimante comme la première fois, aussi fugace qu'il ait été, comme hier, comme toujours, comme jamais.

As-Tu vu ce désarroi au fond de ses yeux lorsqu'ils se posent sur moi, l'âme bouleversée par la voie ? As-Tu vu ce regard déchiré par l'incertitude et l'hébétude des doutes qui l'habitent désormais ? J'ai tant de peine à le regarder ce regard dépassé par sa propre vérité. J'ai tant de peine que la peine m'a désarticulé. Ne les vois-Tu pas ses yeux amorphes de vie et avides de joie ? Je ne vois qu'eux, ces yeux étreints par un destin au chemin tortueux. Je ne vois qu'eux. Et Toi ?

As-Tu entendu cette voix d'outre-tombe surgie de nulle part aux échos angoissés ? As-Tu entendu ce timbre fêlé qui m'a transpercé à travers un téléphone pétrifié ? Au moins autant que moi, Crois-moi. À en pleurer, Crois-moi, au milieu de nulle part, dans ce parking au désespoir de me voir désespérer par cette voix égarée. L'as-Tu entendue comme moi ? Dis-moi, l'as-Tu entendue cette ombre d'elle-même toute tendue et perdue ? Que j'aurais aimé pleurer sur ce parking hagard !

As-Tu entendu cette voix pleine de joie et de vie, cette voix qui rit ? As-Tu entendu cette vie qui s'exclame et s'épanouit en un humour si détonnant qu'il éblouit même l'ennui ? Je n'entends qu'elle, cette voix hirondelle qui s'esclaffe et s'étonne à la moindre ritournelle. Je n'entends qu'elle, je n'attends qu'elle, je n'espère qu'elle, pour m'envoler dans ses bras à tire-d'aile. Ne l'entends-Tu pas cette voix qui dessine l'amour comme un encorbellement de vies ? Qu'ils sont beaux, les décibels de son cœur épanoui !

Ne vois-Tu rien ? N'entends-Tu rien ? Où es-Tu ? Que fais-Tu ? Je suis sur le bord du chemin. Nous sommes sur le bord du ravin. L'œil sur l'horizon et l'oreille dans les étoiles, à l'affût d'un signe ou d'un peu de lumière pour réchauffer nos terres morcelées. Tous les sens aux aguets et l'essence en berne, dans l'attente d'une révélation, aussi infime soit-elle. Pour croire encore un peu à tous les possibles sous les cieux. Grandir est une leçon sans fin ni concession. Et aimer alors ? C'est la rédemption !

BON APPÉTIT

À Yannick

Chéri, j'ai trouvé un bon millet au marché ! Du millet en cette saison, c'est un marché d'occasion ou du millet sans passion ? Chéri, tu exagères, ce millet c'est une bonne affaire. Je l'ai croqué, tu sais, avant de le ramener. Il a du coffre, il a du goût, il rit par tous les trous même s'il rit apparemment jaune, mais bon il semble frais, je l'ai croqué, il est presque parfait. Si tu le dis ! Pourtant, à y regarder de plus près c'est du millet récolté au burin et à la lime, non ? M'égare-je dans des soupçons douteux, comme à chaque fois que j'ai le ventre creux, le corps atone et le cœur langoureux ? M'égare-je dans une cuisine en feu à éteindre le torchon qui brûle la raison ?

Chéri, arrête de faire le con, le millet est bon pour des tas de raisons. Il va faire maigrir tes certitudes en trop et te faire grandir, en gros. Tout ça pour moi, c'est trop de joie, crois-moi. Je préfère le chocolat et puis toi et puis le ciel et les étoiles et puis l'épeautre. Car, comme Dieu le dit si bien : nul n'est épeautre en son pays et surtout pas moi depuis que tu m'as cuit du millet en bouilli.

Chéri, t'en reprends encore un peu de ce millet savoureux que j'ai acheté pour toi, pour tes beaux yeux ? Sans façon, j'aime bien l'exotisme mais je ne suis pas végétarien. Je suis plutôt carnassier, j'aime rire et manger, j'aime aimer et être aimé, j'aime donner et recevoir, j'aime la poire et l'espoir, le soleil et les saisons. Mais le millet, sans façon. Je préfère le blé, beaucoup de blé de préférence. Franchement, tu ne trouves pas ton millet un peu surfait ? Moi si. Je te le laisse, il est sûrement bon avec un zeste de citron. J'ai peur de faire une indigestion à consommer du millet qui te consume à souhait ou à regret (en tout cas, c'est mon cas), je ne voudrais pas me retrouver avec une constipation ; j'en ai trop chié à me faire emmerder jusqu'ici par une céréale aussi rabougrie que moi. Mais bon appétit, je t'aime et voilà !

ESPÉRER

Espérer
pour ne pas tuer la vie
pour ne pas me tuer de n'avoir pas
espérer

Mais comment espérer
lorsqu'aimer est une errance
lorsque croire est une souffrance
comment espérer
lorsque vivre n'a pas de sens

Espérer
je ne sais pas espérer sans croire
que l'amour n'est pas tout à fait mort
que l'espoir existe encore

EN VERS ET CONTRE TOUT

Le crapaud éconduit par la grenouille en bikini se morfond dans son
lit mouillé d'ennui et de nostalgie. C'était un crapaud plein de vie qui
sautait et se réjouissait à la moindre éclaircie. Faut dire qu'il a appris
à compter les jours et à compter les nuits sans parapluie. Il en a
connu des tsunamis sentimentaux et des encombrements mentaux à
travers les étangs qui l'ont accueilli. Il en a connu des charivaris et
des errements aussi. Et des bonheurs bien sûr, tant de bonheurs
auprès d'une grenouille si pleine de vie.
Jusqu'au jour où elle rencontra un sculpteur qui labourait sa vie. Et
cherchait un peu de répit sous les épis. La grenouille fondit. Et le
crapaud itou, mais autrement. Il se fondit dans la nature de ses
sentiments et de ses égarements. Il se fondit désespérément dans le
flot des blessures d'antan et dans les outrages du temps, un temps
intransigeant, un temps à ne pas mettre un crapaud dehors.
Le crapaud est poète à ses heures. Un grand poète devenu petit
brusquement, alors que le petit sculpteur est devenu grand
certainement. Mais grand ou petit, quelle importance puisque la

grenouille s'ébat sur le fil tendu d'un sens essoufflé, pendant que le crapaud se débat dans son indigence désemparée.

Être une grenouille n'est pas forcément un cadeau lorsque sa glande va à vau-l'eau et qu'on est tiraillée entre le bas et le haut, l'air et le feu, le ciel et la terre. Être une grenouille n'est vraiment pas un cadeau. Pour un poète non plus qui n'a que ses mots et qui clapote au bord de l'océan de son hébétude en mal d'avant. Mais avant quoi ? Il n'y a qu'après qui vaille sous nos cieux intransigeants. Il a beau être une sculpture vivante, ce crapaud-là, avec son corps d'Apollon raplapla, il ne ressemble qu'à un poème à plat maintenant. Hélas, le mal d'amour ne se guérit pas, il vous grandit ou vous détruit sans ménagement.

Mais, pendant qu'elle s'égare entre ces deux démiurges en mal de purge, le soleil suit son cours à l'horizon des jours qui s'interrogent en silence sur l'essence de l'amour, inlassablement.

Il ne faut pas glander lorsqu'il est temps de plonger, la vie n'attend pas éternellement. Il faut être soi pour être grand. Sinon le temps s'en va et jamais ne revient.

Le regard perdu sur les bords de l'étang assourdissant, le crapaud s'enfonce lentement dans un horizon de solitude angoissée. Car, en plus, depuis qu'elle se fait ciseler, la grenouille ressuscitée fait chambre à part, laissant le crapaud penaud se perdre hagard dans son...

DÉCOLLETÉ

Plonger dans l'abîme de ces seins
qui ne sont plus les « siens »
plonger dans la chute de ces reins
qui n'est plus rien qu'une plongée inaccessible
plonger dans les mystères de son cœur
tout occupé par une autre lueur
Comment ne pas plonger dans ce qui fut le bonheur
lorsque ce bonheur reste à la portée des yeux
Comment ne pas rester amoureux de ce qui fut un bonheur
à la croisée de la terre et des cieux

MES YEUX

À Thomas et à Marie

Mes yeux comme une flamme de vie
posée alentour sur l'amour qui fuit
mes yeux cherchent le jour à travers la nuit
qui s'infiltre dans des regards épris

Je regarde cette vie qui étreint les regards
d'une mélancolie percluse de hasards
et je m'interroge sur le bonheur
qui s'échappe vers des ailleurs sans fard
ou des nulle part qui se meurent

Je scrute et je caresse des regards en liesse
ou défaits ou hagards ou emplis de sagesse
mes yeux à fleur de tendresse affleurent
le profond sillage de vos regards en cœur
pour mieux entendre vos iris en fleurs

Et le regard éploré je m'interroge parfois
sur ma propre destinée qui s'en va
et s'en vient sous l'œil à peine voilé
d'un soleil que le firmament déploie
sur l'horizon d'une vie qui m'a créé

Car je n'ai que mes yeux pour rire
et pour pleurer le temps qui construit
ma destinée sans autre souci
que d'avancer quitte à me blesser
pour mieux me transcender

Je te regarde et je vois l'Amour
au fond de tes yeux au fond
de ton cœur en partance pour
l'Au-delà de soi l'En dedans de tout
je te regarde et je crois

Car lorsque mes yeux seront éteints
l'Amour restera encore
l'Amour reste toujours
imprégnant à jamais la Vie qui suit son chemin

LE PRIX DE LA LIBERTÉ

La chèvre s'est libérée... pour s'attacher ailleurs et autrement. Il y a des chaînes qu'il est difficile d'oublier très longtemps.
La chèvre s'en mord peut-être déjà les dents dans son petit pré allemand, elle qui a tant de liberté sous les cornes et de vérités qui écornent.
La chèvre si allègre auparavant semble paître tristement la nourriture rupestre et sans allant d'un bouc certes charmant mais tellement allemand.
La chèvre en a oublié son courage à force de négliger son pré indépendant, au milieu des fleurs et d'une grande bouffée de vents, de liberté à plein temps.
Mais la liberté, c'est très exigeant. Il faut oser être libre tout le temps pour ne plus se faire enfermer régulièrement, il faut oser se libérer vraiment lorsqu'on a le cœur aimant.
Sinon la vaillante chèvre s'essoufflera lentement mais sûrement dans les rets du temps qui passe insensiblement sous ses yeux cernés de fatigue et de tourments qu'elle chevrote désespérément.
Libre. Elle est libre de quoi finalement ? De s'épuiser différemment ? Est-on jamais libre réellement sous les quarantièmes rugissants de nos cœurs pantelants ? La liberté a un prix assurément au coût souvent exorbitant. Il ne suffit pas de ronger la corde ou de briser une chaîne, encore faut-il sortir du pré pour s'ouvrir les portes de son être, de son âme et de ses sentiments. Car des sentiments elle en a, du cœur aussi, à revendre. Mais elle manque de mordant et d'envie, la chèvre au cœur si désarmant. Or, il ne suffit pas de vouloir pour pouvoir car la liberté a un prix. Cependant si, en plus, il faut baragouiner une liberté aussi chèrement payée, il est difficile de ne pas désespérer définitivement.
Aimer c'est prendre le vent et se donner le temps de s'aimer vraiment, toutes voiles dehors.
Aimer c'est vivre éperdument comme une chèvre libre totalement.

TRIPTYQUE IMPUDENT

Elle a
un amant et un aimant
un amant qui l'attire ouvertement
et
un aimant qui la pousse en avant
allez comprendre les sentiments
l'aimant fut amant en son temps
mais
l'amant qu'est-il exactement
le sait-elle vraiment
Elle a
un aimant et un amant
l'aimant fut amant en son temps
mais l'amant sera-t-il aimant vraiment
que l'amour est déroutant
sur les bords d'un lit débordant
où s'égare les sentiments
quand il faut choisir assurément

RETROUVAILLES

Où que tu sois
nous nous retrouverons
ici ou Là-Bas
nous nous retrouverons
nos âmes en joie
nous nous retrouverons

Ce qui nous lie ici-bas
est plus fort que le temps
c'est un chemin de vie
et nos cœurs gourmands
et nos corps ardents
Tant nous lie tellement

Où que tu sois
nous nous retrouverons
nos âmes en joie
nous nous retrouverons
ici ou Là-Bas
nous nous retrouverons

Mais qu'est-ce qui nous lie autant
cœur âme corps esprit
qu'est-ce qui nous lie tellement
sous l'auvent de la vie
qu'est-ce qui nous lie si profondément
qu'il est difficile d'aller vers l'oubli

Nous nous retrouverons différemment
ici ou Là-Bas
nous nous retrouverons autrement
où que tu sois
nous nous retrouverons sûrement
même si c'est avec d'autres voix

NOUVEAU DÉPART

La vie a repris son cours
il peut continuer sur sa voie
le bonheur est alentour
le bonheur est partout
lorsque la vie suit son cours
lorsque l'amour est sa voix
Il peut chevaucher le temps
car demain est un autre jour
et hier est tellement loin déjà
l'espoir n'est plus l'autre
l'espoir est soi
Sois et tu deviendras
la vie que tu es
l'amour que tu seras
Sois et l'amour renaîtra
dans les bras de ta Voie
pour être l'amour que tu donnes

PURGE DE DÉMIURGES

Nuit après nuit, seul au fond de son lit, le crapaud s'ennuie. La vie d'avant est derrière lui, bien loin d'ici, pendant que la vie d'après s'en vient sans bruit, du tréfonds de lui.

Il s'ennuie depuis que sa donzelle l'a fui pour un autre que lui, une sorte de Laval[11] germanisé un peu défraîchi mais très gentil, le pauvre. La compassion fait des petits, rarement des grands.

Meine Liebe Zavoyarde, gémit-il depuis, du fond de leur lit, *je zerai don Rodin, du zeras ma Camille, et ma kamomille aussi* — normal, il en a tant pris, le pauvre chéri, avec ses harpies d'avant, qu'il a besoin de répit pour subvenir à sa survie maintenant, il a besoin d'une donzelle qui se sacrifie pour lui, qui lui donne son cœur et sa

---

[11] Pierre Laval, plusieurs fois ministre sous la IIIe République et notamment durant la dernière guerre.

vie, une donzelle docile et rien qu'à lui. Ah comme il en mousse le ver de bière (forcément mortifère) au fond de leur lit à lui, et à elle aussi accessoirement, car il va le bichonner son confit de donzelle épris ! Il va lui façonner un piédestal et une statue à la stature bien charpentée, un peu teutonne peut-être, pour lui prouver qu'elle est bien tombée après tous les mots qu'elle a dû endurer avant lui, dans le fauteuil croulant du crapaud collant ! C'est si bon de venir après le déluge, on arrive comme un messie...

Pendant que le crapaud, seul, rêve au fond de son lit à une jolie jeune fille, pleine d'allant et de charme, lumineuse et charnelle, qui l'a innocemment séduit avec ses yeux bleu gris. Il rêve au fond de son lit froid et sans vie, car la vie c'est l'autre, celui qui est tout contre soi, tout feu, tout flamme, et tout en joie. Il rêve sans oser se révéler pour ne surtout pas l'effaroucher, ce rêve de folie, cette femme en herbe de vie. Mais la vie n'est-elle pas folle sur cette terre sans boussole ? Mais la folie n'est-elle pas vie sur cette terre pleine d'ennuis ?

Il rêve et il oublie les deux au fond de leur lit. Il rêve et il reprend le fil de sa vie au fond du sien enfin rempli d'après et d'envies. D'envies d'après, de vie et de folies qui peuplent doucement une solitude pleine d'attraits aussi soudains que câlins.

Pour un crapaud qui s'ennuie, franchement, c'est excitant et... incidemment bandant, seul au fond de ce lit brusquement épanoui. Et, depuis, jour après jour, le crapaud déconfit peu à peu reprend vie, après avoir repris pied dans l'étang de ses mots qu'il tisse sans dépit mais avec beaucoup d'ironie.

Allez savoir où se niche la mystique d'un crapaud éconduit, braves gens sans entregent ? Le sait-il, lui ? Non, il rêve et revit. C'est suffisant ainsi, pour le moment...

Pendant qu'ils sont au fond de leur lit, tout épris et en proie à des envies... de sculptures évidemment, ça manque un peu d'allant mais au moins c'est consistant, jour et nuit. Cependant, gare à l'ennui qui guette tous les esprits autant que les lits !

Mais qu'elle se rassure, au pire, il y aura toujours un petit crapaud au détour d'un désamour car, même imparfaitement, un crapaud c'est très communiquant et ça aime tant... biaiser... à la folie...

ROULEZ JEUNESSE !

Comme il y a sept ans, une jeune femme surgit du néant pour lui redonner vie, pour le relancer vers l'avant, ce crapaud dérivant dans les affres d'un amour en sursis.

Elle est belle et douce et lumineuse et souriante et vivante. Elle est simple, elle est vraie. Une sorte de révélation pleine d'attraits autant que d'innocence et d'abstraits. Une abstraction concrète et indicible. Derrière ses lunettes et ses yeux en forme de cible, en forme de cœur bleu gris, bleue vie, elle égaie le jour, elle éclaire le temps. Simplement. Avec grâce et allant.

Elle a pour elle cette fraîcheur que seule offre une jeunesse florissante. Une jeunesse à la sagesse épanouie. Suffisamment épanouie pour s'ouvrir à la vie face à un vieux crapaud décati surgi de nulle part et d'ailleurs sur sa chaise à porteurs apportée par un destin approprié. Ouf ! Le vers est fini, on peut de nouveau respirer sans souci. Sans souci de quoi ? Puisque le souci c'est souvent soi.

Il ne manque pas d'air celui-là, entends-je dire de ci de là. Non, il coasse gaillardement au bord de l'étang où il s'étend allègrement de tout son long. On peut être décati sans pour autant être déconfit, lui semble-t-il, au batracien ébloui par cette jeunesse qui le conduit vers l'oubli de soi et l'envie de vie.

Comme il y a sept ans, une jeune fille en fleur délivre un crapaud épris par la beauté du cœur autant que de l'esprit, de l'âme autant que du corps, d'un regard autant que d'un sourire, d'une voix autant que de son silence. Bien malgré elle.

Quoi qu'on en pense, elle est belle l'existence, lorsque l'amour a les traits de l'avenir, lorsque l'amour est un trait entre hier et demain qui s'inscrit au présent, sans préjuger de rien, juste pour ouvrir des chemins...

ATTENTE

L'attente n'est pas vie
car la vie est mouvement
et l'attente est immobile
elle est petite mort
certes tant qu'il y a de la vie
il y a de l'espoir
mais tant qu'il y a de l'attente
il n'y a pas d'envies
n'attends pas VIS !

TOURNIS

Elle me fait tourner la tête
Un pas en avant
Un pas en arrière
Elle me fait tourner le cœur
Est-ce un malheur ?
Est-ce du bonheur ?
Elle me fait tourner le corps
Me désire-t-elle encore ?
L'amour est-il mort ?
Elle me fait tourner les mots
À en perdre mon ego
À en noyer les maux
Elle me fait tourner en bourrique
Le cœur en trique
Et la tête en vrac
Elle me fait tourner en rond
À en devenir con
Ou profondément bon

DESARROI

Le crapaud a chu dans les tourments d'un amour qui ne sait plus où donner de la tête, du cœur et du corps, être soi, être elle, être lui, être en somme autre chose qu'un cloaque de sentiments. Si l'amour n'est pas éternel, il est toujours exténuant. Entre les couches et les gamelles, les gamelles et les émois, il y a un gouffre qui s'agrandit lentement mais sûrement ; avec le temps tant fout le camp qu'à la fin elle se casse... à Pétaouchnoc ou ailleurs. Le crapaud le sait bien : il est des Cendrillon qui s'aiment la cendre et récoltent la pomme d'Adam sans même y voir à mâle.

Le crapaud a chuté dans les affres d'un désamour primesautier. Qui sautiez-vous au temps chaud, s'enquit une vipère commère et médisante ? Je sautais en l'air, répond le crapaud tout vert, je sautais de travers, sous l'œil d'un ver de terre qui passait par là. Il y a toujours un ver de terre là où il y a un tracas. Ils sont peut-être aveugles mais pas sourds ni tout à fait impuissants (apparemment), ces minuscules lombrics lubriques si sympathiques lorsqu'il s'agit de mettre un crapaud dans le vent...

Il n'y a plus d'honneur, il n'y a plus d'égard, chacun pour soi et la princesse pour tous ; non, pour soi avant tout et surtout pas pour lui, le batracien acarien, même pas un tout petit peu, tant pis pour ce crapaud qui désormais croupit devant les trous que creuse et remplit un ver de terre conquis et conquistador à la fois. La vie est bestiale et l'amour radical pour qui veut pas être éradiqué sur le bûcher de l'inanité.

Mais est-ce bien utile, finalement, un crapaud futile, fût-il bandant ? Je crains que non par les temps qui courent et qu'on ne rattrape guère. L'amour vous joue de ces tours lorsque vous êtes trop sourd pour entendre un cœur qui bat de travers et en sol mineur. Du reste, on ne joue pas non plus impunément avec les vers, surtout lorsqu'on a oublié ses rimes et sa raison. Malheureusement, même les poètes vont parfois de guingois à force de mâle faire... Car un poète, c'est tellement tête en l'air que ça en oublie de regarder par terre...

En conséquence de quoi, le regard dépité et le cœur dépecé, le crapaud débite maintenant sa peau de chagrin comme on égrène un chapelet au petit matin. Et, empli de désarroi, il essuie une larme en persillant ses cuisses et le reste à plat...

La vie va et la voie vient toujours là où on ne les attend pas. La bonté de Dieu a ses limites. Faut pas pousser, croyez-moi...

DOUCEURS

À ma Douce

La beauté pâlotte et presque translucide
d'une âme en errance
beauté fragile et évanescente
d'une vie en sursis de soi
Comment ne pas être épris de cette beauté-là
de cette vie en survie qui vacille et s'oublie
Que j'aime cette beauté à l'humanité transpercée
par un passé trépané
La vie est belle à la lumière de sa joie qui resplendit
d'une telle force transcendante qu'elle l'éblouit
La vie est triste à l'ombre de ses maux qui s'essoufflent
et dont l'éclat s'efface sous les coups du tant
tant et trop que la douceur s'englue dans les tourments
Beauté rongée du dedans pendant que l'amour s'épuise au-dehors
à vivre par-dessus tout
à éclairer encore et encore ce cœur qui bat dans un corps qui se bat
et un esprit qui se débat
Comment ne pas aimer cet être-là
ne pas fondre devant la beauté de son âme ?
Je ne sais pas
je ne saurai jamais
je crois

INSTANTANÉ

à Anneka

Grande et belle
si belle
regard de feu
regard qui choie
flamme de vie
flamme d'envies
quelle est cette femme
qui me séduit
tant

dans un foudroiement
indicible
une sorte de cœur de cible
un être qui crible
regard et cœur
de lumières à oser
corps et âme
les mots sans rime ni raison
Grande et belle
si belle
pour une âme vagabonde
au cœur si vieux
que la vie lui colle au corps
comme l'espoir
nourri de regards qui se consument
dans une flamme qui se coule sur l'horizon
d'un chœur impensable
mais faut-il penser la vie
lorsque la vie survient ?
Quel poète le peut ?

ÉTERNITÉ

à Marie

Elle renaîtra de ses cendres
cette âme si tendre
ici ou là-bas elle renaîtra
à la vie qui la conduit
vers son soleil ébloui
sa douce lumière du cœur
La vie est un bonheur
enfoui sous les tourments
et l'amour est une fleur
éclose au temps
où l'âme s'épanouit
délicatement
Elle renaîtra de ses cendres
dans son habit si tendre
où son âme peu à peu
s'entrouvre et s'émeut

de s'être incarnée   enfin
Corps de feu corps de sang
esprit douloureux esprit joyeux
une âme renaît sous tous les cieux
lorsqu'elle rayonne pleinement

LE CONTE À REBOURS

Entre un nain de jardin qui grouille comme un ver de terre dans un vagin étreint et un petit bouddha contrit et circonscrit au vide de son lit éteint, elle a choisi. Blanche Neige se dépayse en Cendrillon entre les bras d'un prince charmé sans château ni biscottos. Juste un burin à moteur pour sculpter à toute vapeur. Car c'est un prince sculpteur absolument à la page, très Modern style, qui vous cisèle un truc tout à trac en une création aussi assourdissante qu'impressionnante pour un néophyte.

Pourtant, c'est entre la dextérité et le doigté que l'âme se niche. Ne le sait-il pas ? Bien sûr, avec la dextérité, on se fait du beurre plus rapidement, alors qu'avec le doigté, on se fait beaucoup de sueur, la sueur de la parturition, de la vraie création en somme, la sueur du bonheur de prendre le temps de donner vie. En fait, entre la dextérité et le doigté réside l'écueil entre le savoir-faire et le savoir-être de tout artiste, assurément.

Hélas, le ver de terre n'est qu'un art triste pris sous l'aile d'une Cendrillon en mal de compassion, et d'autre chose peut-être dont elle seule a le secret, à moins qu'elle ne le sache pas elle-même, à force de s'empêtrer dans ses oripeaux mentaux. Ou alors c'est, tout simplement, une Blanche Neige qui a finalement avalé sa pomme (d'Adam évidemment) de travers, à force de se tromper de monture (de lunettes bien sûr) et de bonté aussi extrême qu'une onction.

L'amour n'est-il qu'une précarité en ce bas monde d'austérité ?

Une question que se pose à longueur de temps le crapaud boudiné ou le bouddha crapotant. En vain, puisqu'il est des réponses sans lendemain ni surlendemain sous nos cieux chagrins. Mais Dieu reconnaîtra les siens, n'en doutons guère (des boutons). Ce qui est rassurant pour les princes et les charlatans, les crapauds et les crapules, les chèvres et les burins, les bourrins également.

Depuis lors, le crapaud charmant, devenu un cénobite ardent, mais pas abstinent pour autant, se refait une vie lentement, avec plein de rêves en dedans et des envies en dehors et des fantasmes très exaltants pour un vieux batracien en délicatesse de sentiments. Il veut une gueuse rieuse et pleine d'élans maintenant, même vierge éventuellement, pour changer un peu de ces bestiales princesses qui vous prennent le chou au premier vent.

Moralité : ne mélangez jamais sexe et sentiment, ça vous encombre l'esprit et la poésie. Surtout lorsque la princesse devient tellement terre à terre qu'elle en tire le ver du nez à tort et à travers... Sans pour autant être transcendée intégralement. Il faut avoir du métier pour aimer, braves gens.

AMOUR

à une Douceur infinie

Aimer différemment
mais aimer tout de même
aimer toujours
parce que l'amour se joue sous un autre jour
aimer par amour
cet être qui s'essouffle à retrouver du souffle
à rassembler ce qui s'est dispersé
trop dispersé dans le don de soi
dans le dénuement d'une âme asphyxiée
à force de trop donner de trop se donner
à autrui à chacun à tous mais pas à soi-même

Aimer différemment
mais aimer par-dessus tout
un cœur qui a oublié de s'aimer
à tant semer autour de soi
sans compter sans s'incarner
dans la lumière de son humanité
à l'aube de sa vérité
si douce
et si éclairante
pour les âmes qu'elle pousse...

DÉSORMAIS

Il est là
pour l'instant
quand sera-t-il las
d'attendre
il ne sait pas
il avance
elle s'enlise
il avance vers quoi
elle s'enlise dans quoi
seul demain le dira
ou peut-être après-demain
mais il avance et elle s'enlise
résolument
n'est-il pas une partie d'elle
n'est-elle pas une partie de lui
ici ou Ailleurs
maintenant ou jamais
Désormais il y a la vie
qui n'attend guère
le temps qui passe et ne se rattrape plus
pour lui comme pour elle
qu'en feront-ils ?

CAPRIN, C'EST FINI...

Nu comme un ver, le crapaud se lève de terre, enfin me direz-vous ;
et vous avez raison, je l'avoue, il en a mis du temps l'animal sauteur
et sautant. Mais il ne veut surtout pas fricoter avec cette piteuse
engeance qui grouille sous terre et n'a aucun savoir-être, mais se
targue quand même d'avoir du savoir-faire. La belle affaire.
D'ailleurs, c'est si minus-cul, cette chose-là, que ça en est tristement
infantile et si peu subtil. Et quand, en plus, la chèvre, déjà revenue
de sa liberté à peine proclamée, se remet la corde au cou pour mieux
fuir sa propre vérité et le materner, ce lombric si lubrique qu'il en

oublie la décence au profit de ses sens affamés, que voulez-vous que le crapaud y fasse ? Il ne peut que constater et déplorer la dérive des incontinents, de l'esprit et du cœur réunis. Ce qu'il fait. Et il s'efface. Les laissant se défaire aveuglément et se répandre dans leur manque de discernement.

Il s'élève dans les airs de ne pas y toucher, pour gober les mouches ailleurs et plus sereinement. Arrêter de se prendre le chou avec une chèvre et son bouc teint en sculpteur si miséreux qu'il lui offre des misères, à la chèvre qui rêvait d'une autre Terre, d'une terre moins hostile et austère, omettant qu'elle avait flashé sur un ver... très terre à terre, apparemment. Mais une chèvre peut parfois manquer de sagacité derrière ses chevrotements. Elle a beau être ardente, elle n'en est pas moins déconcertante dans ses jugements. Car elle est humaine tout simplement, c'est-à-dire désespérément seule face à elle-même et à son chemin de vie. Chemin de terre ou chemin de fer, elle l'apprendra avec le temps. À condition de ne pas jouer la montre. Tous les prés ne sont pas bons à prendre, surtout pour une chèvre au cœur trop tendre afin de prétendre s'émanciper d'un simple coup de corne désenchantée.

Quant au crapaud, pour se réconcilier avec lui-même, il écrit des poèmes dans lesquels il promène ses maux d'esprit cinglants, il fait des vers loin de la terre et de ses égarements, il fait des vers et des bonds en avant. Peut-être vers une vierge apparue au tournant ou une gazelle ou un quelconque sentiment ? Il fait des vers à tort et à travers, avant qu'on ne l'enterre... trop près d'un ver de terre qui pourrait s'en repaître sans le savourer à sa juste valeur.

Un ver de terre qui oublie qu'il faut savoir aimer avant d'être amant. Mais c'est tellement hermaphrodite, cette chose-là, et si bien testiculée, que ça s'aime tout seul dans son propre linceul de terre australe, à en devenir marrie, un jour ou l'autre. Car la chèvre a peut-être encore un peu de tempérament... ?

INACCESSIBLE

à Anneka

Qu'est l'amour
une envie (pressante) un besoin (impérieux) une émotion
(incontrôlable) un sentiment (indéfinissable) ou un affect (très
affecté)
un élan ou une illusion

J'aime l'inaccessible
il est couvert de fleurs
et toi
avec ton corps ondoyant
aimes-tu les dépassements
aimes-tu les enchantements
de l'inaccessible
à l'aune de ta jeunesse rayonnante

J'aime les orées de l'impossible
j'aime flirter avec l'utopie
telle l'utopie d'un amour
pour une femme au regard de Lune
et aux seins d'agrumes
mais toi
que ferais-tu d'un corps vieillissant
un Himalaya de chair torturée
à l'âme effervescente
avec ton cœur printanier
et tellement pétillant

Qu'est l'amour
une douce folie dans le feu de la vie dans la foi de l'envie dans la
chaleur de la nuit une lumière dans le cœur qui nous unit
rien de tout cela
ou tout à la fois

J'aime une femme
belle comme la vie
et si inaccessible si

CRÉPUSCULE

Pas à pas
la douceur s'éloigne
derrière une lueur qui
peu à peu
s'éteint sur l'horizon
un jour s'en va
un autre s'en vient
la vie enchaîne ses refrains
aujourd'hui n'est pas hier et pas encore demain
une douceur s'éloigne
sur son chemin
et je vais au vent qui me vient
tel un pèlerin

3D

à Anneka

Je l'ai vue nue
avant de l'avoir vue dévêtue
elle était éperdue
elle semble toujours l'être
la liberté est sa vertu
au cœur de tant de mal-être
la liberté est son étalon
son corps livré à la lumière
cru d'un objectif dru
elle était nue
sans l'être réellement
mais son cœur est-il aussi libre que son esprit
son cœur est-il à prendre ou déjà pris
quelqu'un l'a-t-il revêtu de son ombre écrue
ma pensée flashe sur tant d'imprévus
ma pensée zoome sur ce fruit défendu
par toute l'étendue de son âme à nu

POURRAIS-TU

à Anneka

Pourrais-tu aimer
un vieux loup solitaire
blanchi sous le halo d'une vie au galop
Pourrais-tu aimer
une sagesse folle
qui fait fi des jugements hâtifs et des geôles
sauras-tu apprivoiser
tes craintes et tes angoisses
derrière tes airs de femme pleine d'audaces
sauras-tu dépasser
cette retenue si conditionnelle
que ta vie en est conditionnée

l'amour est sans a priori
ou l'amour n'est pas
le désir aussi

QUI

Qui sait aimer
vraiment
sans rien attendre sans rien vouloir sans rien espérer
qui sait aimer
sans enfermer sans réduire sans étouffer
et
qui sait désirer
sans posséder sans enfreindre sans contraindre
qui sait désirer
vraiment
avec la douceur d'un zéphyr et la force d'un vent enveloppant
si peu
que le temps frémit continûment
le cœur lourd et l'horizon
désappointé

DÉCOMPTE

Le ver de gris et Cendrillon s'en sont allés (sans Dalila) dans les ténèbres agitées de leur forêt effeuillée. Si elle a désormais le ver à soi, Dieu devrait se demander sérieusement si elle aura la douceur qui devrait normalement aller avec, s'il n'y a pas un bogue dans l'amour qui se joue en bas, entre ce ver peu luisant et cette Cendrillon qui n'a plus d'allant ni d'ailleurs. Ce qui semble être le cas, visiblement, s'Il mettait ses lunettes un peu, l'Ancêtre oublieux.

Enfin, se demander est un grand mot puisque Dieu sait tout, voit tout, entend tout mais que comprend-il du haut de son trou noir ? Et que fait l'Ange gardien de service, à part garder des moutons nuageux et des nuages moutonnants pendant que Cendrillon s'égare sur Terre, entre mère et père ? Il faudrait peut-être arrêter de rêvasser aux cieux et de reprendre pied dans la réalité du bas.

Ici-bas, où tout fout le camp, même les sentiments. L'amour se brade et le bonheur est au rabais de nos peurs d'enfant. Où est le marchand de sable, bon sang ! Dans les nuages, évidemment. Il n'y a plus que ça autour de nous dorénavant, des nimbo-stratus en veux-tu en voilà, par torrents entiers, qui encombrent les villes, les rues et les plages, dégoulinant d'obésité et d'obséquiosité.

L'amour ce n'est plus ce que c'était. Oh bien sûr, on va me traiter de vieux rabat-joie, de soixante-huitard attardé et retardé. Ben oui, je retarde sur les sentiments et les appétences affectives et afflictives affichées effectivement par des zèbres affligeants. Et la biche pleure à se fendre l'âme... Devant le crapaud qui acclame cette dame qui feint à fond la forme ses fabuleuses affabulations effectives ou ses flatulences sélectives et sentimentales.

L'amour ce n'est plus ce que c'était. Ça se fait sur commande et par UPS maintenant, s'il vous plaît. Pour pas avoir le temps de trop réfléchir à ce qu'on fait et défait (les paquets de sentiments, évidemment). L'amour fout le camp dans des fuites en avant et des marches en arrière, lorsque Cendrillon s'effondre dans la cendre de ses décombres. Mais des Cendrillon il y en a tant et tant et tant que les vers de gris à soi n'ont qu'à tendre un de leurs testicules pour redevenir luisants.

Franchement, Dieu, tu ne crois pas qu'il serait temps que tu songes à une analyse sérieusement ? Ça va de moins en moins bien ici-bas, tout s'en va dans les rigoles pas drôles de nos égarements humains.

Bêtement humains. Faudrait peut-être remettre un peu d'huile dans les rouages et d'ordre là-dedans ?

En commençant par ton complexe d'Œdipe et d'Apollon, nom de Zeus ! Faut te reprendre. Descends un peu de ton nuage de lait, bon sang ! Faut pas laisser cette pauvre fille délaissée par le bon sens et le sens de la marche. C'est le bordel là en bas.

En attendant, je vais me curer les dents d'une « elle » de mouche coincée dedans. Le regard fasciné par une petite vierge vraiment pas piquée des nèfles qui se balance sur l'horizon. Je sais : je ne pense qu'à ça. Mais c'est mieux que de penser à rien ou à une « elle » de mouche occupée à rapiécer ses oripeaux dans le dédale de ses trémolos et de tous ses maux. Une Cendrillon tellement perturbée qu'elle ne voit même plus le bout de son nez.

Alors que le crapaud recommence à gambader dans l'effervescence de son pré. Sous l'œil d'un Dieu plutôt interloqué...

DESTINÉE FESTIVE

La vie au jour le jour
l'Amour toujours
et ce regard qui court
et ce sourire de velours
emprunt d'une douce mélancolie
la mélancolie d'une vie
soumise à rude épreuve
l'épreuve du temps et de l'être en mouvement
que sommes-nous dans la roue du Destin ?
notre propre festin ?
le sens du chemin
sillonne dans la fraîcheur de lendemains indécis
pour se rapprocher du but qui surgit
aussi inopiné que soudain
afin de transcender nos mains

RENAISSANCE INTIME

Cendrillon recrache sa pomme de discorde personnelle et, mine de rien, elle se Mélusine peu à peu entre le ver de terre, le crapaud et un univers à l'envers. Unie vers quoi ? Par quoi ? Par qui ? À quoi ? À qui ? À sa cause évidemment. Mélusine semble émerger de sa forêt de Brocéliande et de ses confusions allemandes. Mais rien n'est moins sûr que ce qui semble. Va-t-elle vers un univers à l'endroit maintenant ? Sous l'œil quelque peu dépassé et un tant soit peu effaré mais tolérant de son ver affairé.

Pendant que le crapaud barbote dans la mare de ses sentiments, s'emmerdant allègrement à cent sous l'heure à regarder passer les cœurs. La solitude peut être un malheur, se rend-il compte sur son lit de feuilles et de mots, appuyé contre un menhir tellement phallique qu'il en érige des fantasmes chimériques.

Certes, demain est un autre jour, encore faut-il le remplir d'amour et d'amour et encore d'amour, pour ne pas avoir le cœur lourd à trop interroger des sentiments gourds. Il a besoin de vie cet animal-là, de vitalité, de saveurs, d'un cœur, de sexe et de beurre, pour faire son bonheur et ses tartines. Bien sûr, il est exigeant cet animal-là mais qui ne veut rien n'a pas grand-chose.

Dans la vie, faut se soumettre qu'à Soi ou se démettre une épaule. Faut aller au bout de tout, au bout du monde (intérieur, évidemment, le Maroc et la Corse c'est pour des microbes uniquement...), au bout de la jetée et au bout de la « jutée » accessoirement, au bout de sa vérité assurément. Au bout du bout de l'Autre, ce voyage sans fin, sans fond et sans frein, cet univers infini et infiniment explorable, comme une forêt vierge qui ne demanderait qu'à être découverte pour mieux respirer, les seins offerts à la nudité du ciel. Forêt tropicale pleine de lianes et d'orchidées sensuelles.

Vous savez quoi ? Je suis un crapaud princier. Le prince de sa vie en quête d'une princesse libre d'elle-même, libre de vous. Une princesse aussi belle que le prince est fou. À coasser son bonheur d'exister et d'aimer, surtout d'aimer, à travers des vers aussi peu terre à terre que la Lune est carrée.

Je suis un crapaud princier. Et alors ? Il faut arrêter de rêver. L'amour est devant soi, comme la mort et l'abord de l'éternité. Celle que nous avons pour Aimer. Et Désirer. Aimer désirer et désirer aimer.

MÉLANCOLIE

Mélancolie
au fond d'un trou en mal de ciel
en mal de tout
Mélancolie
du bout du cœur
du fin fond de l'esprit
il faut croire pour vivre
mais c'est quoi la vie
lorsque la vie est en survie
mais c'est quoi la vie
lorsque la survie est sans répit
Mélancolie
dites-moi qui je suis
dites-moi où elle va
celle que j'ai aimée je crois
Mélancolie
croyez-vous qu'elle m'aimera
celle qui a surgi du bout de la nuit
pour me conduire avec fracas
dans les traces d'une vie pleine de tracas
et d'éclats de joie de sens d'amour
et de présence et de connivence
croyez-vous qu'elle y croira
celle qui a surgi telle une ode à l'envie
Mélancolie

ELLE PLEURE

à Marie

Elle pleure
sa vie ?
son envie ?
sa survie ?
ses soucis ?
Elle pleure
quoi ?
qui ?
sur quoi ?
sur qui ?
Elle pleure
la vie est un chemin de croix
dans un chemin de joies
ou vice versa
vis à bois et versatile
Elle pleure
être grande ne suffi pas
ne suffit plus
lorsque la vie vous presse
à presser le pas
Elle pleure
mais il faut qu'elle croie
pour vivre vraiment
je crois
ce qui croît avec foi
Elle pleure
ce qui se meurt
en elle
pour naître à l'essentiel
de son Être
Ne crois-tu pas ?

SOUMISSION

Se soumettre ou se démettre
se soumettre à soi ou se démettre de soi
vivre est un choix
entre sa foi et la loi de ses émois
vivre est une joie
lorsque la vie va
et vient entre les bras
de l'Amour qui s'ébat
sur l'horizon du devenir
Il faut se soumettre pour un être
ou se démettre pour disparaître

COMME

à Anneka

L'amour comme un rire
comme un sourire inespéré
qui éclaire le jour de lumière tamisée
L'amour comme une joie
qui roule entre nos doigts
et s'élève en volutes de voix
L'amour comme un sentiment
surgi de l'oubli
dans des regards éblouis
L'amour pour une femme
aux mains pleines de flammes
et au cœur plein de vie
L'amour tout simplement
au jour le jour au bout du tant
sans autre horizon que la vérité d'être
pleinement

DÉCRÉATION

Cendrillon s'effondre dans les décombres de son ombre. Le ver est déconfit, gris de jalousie. Il gesticule, il gémit. Le ver est sans vie. L'amour a un prix que le ver a omis dans son effervescente sentimentalité d'anguille.

Cendrillon dépérit, Cendrillon se meurt heure après heure, jour après jour, au fil des nuits et des ennuis. Le ver n'a rien compris. Mais que peut-il comprendre avec sa vision à ras de terre et son agitation de courant d'air ? Que peut-il comprendre lui qui n'a cherché que sa mère à coups de tronçonneuse et de femmes sans mère ? Que peut-il comprendre entre le bois et la pierre qu'il cisèle ou ciselait comme on boit un verre, comme on fuit sa vie ?

Et Cendrillon, éprise de son mirage ou d'une image d'Épinal, s'est noyée dans une illusion infernale pour oublier la cendre qui encombre les décombres de son ombre depuis son âge le plus tendre. Elle a perdu pied, elle a perdu foi.

Elle se meurt dans un lit sans joies, s'étiolant de ne pas se soumettre à soi, je crois. Pendant que le ver se débat dans les rets de sa cécité amère. Le feu s'est éteint plus vite qu'ils ne l'avaient allumé, ils s'éclairent et se réchauffent sans entrain à la flammèche de leur bleu de chauffe. Ils survivent, ils s'avivent avec la surdité de ceux qui ont perdu leur vérité, ont égaré leur altérité. Cendrillon devient l'ombre d'elle-même, une ombre que le ver met en terre à force de ne pas entendre les pas d'un glas pervers.

Cendrillon s'enfuit et le ver s'enfouit. L'amour n'est pas un caprice qui se plie aisément. L'amour est un supplice pour qui ne s'y engage pas totalement. Car la liberté ne supporte pas d'être enterrée ni réduite à des lubies invertébrées. Il faut être pour aimer et non aimer pour être. Être l'amour que l'on donne et non donner l'amour que l'on n'a pas.

Cendrillon s'égare sur le quai d'une gare, à bout de force, à bout de foi, à bout de vie, à bout d'elle-même, à bout de tout, je crois.

Quel miracle la sauvera ? Quel miracle lui redonnera envie et joie ? Quelle est cette vie qui la fuit ? Quel est ce désespoir qui l'accapare ? Il faut croire pour vivre. Croit-elle encore en la vie qui l'habite, en l'Amour qui la nourrit ?

Sur l'horizon, un crapaud s'éloigne avec son baluchon.

Le destin fait son chemin...

SAVOIR

Savoir écouter la voix de la Vie
savoir suivre son Destin
savoir se laisser porter par le sens de son Être
savoir s'abandonner à l'appel de sa Lumière
savoir être pour savoir vivre
qui sait ?

FEMME-VIE

à Anneka

Horst t'aurait enveloppée dans un noir et blanc chatoyant et léger.
Sieff t'aurait développée dans les dunes d'un désert peuplé d'ombres
et de lumières. Des dunes qui donnent de douces déambulations
d'âme à une femme qui se proclame. Femme élancée vers la vie,
femme emplie d'une voix portée par sa flamme. Vole vite au vent
qui vacille sous les volutes de ta voie, vole et va vers les vagues
vertes des visages de ta vie-avenir. À venir ou venue ?
Qui viendra à qui dans le sillage qui nous construit ?
Vivre est un chemin inscrit dans nos mains, ces mains que dessine
la Vie en des caresses infinies du cœur et de l'esprit.
Être est un cheminement sans fin qui aboutit au bonheur d'Aimer
sans crainte des lendemains. Être est une foi en soi à travers l'autre.
Je suis l'Amour que je donne et la beauté que tu me renvoies. Cette
beauté qui t'irradie par la vitalité de tes envies et la chaleur de ta
voix.
Instantanés, instants arrêtés sur une femme transcendante à force
d'être transcendée loin des clichés et des à-peu-près, loin des sentiers
rebattus d'une vérité courbatue. Zoom avant sur ces yeux si
pétillants, si grands. Plan large sur un sourire qui décharge des éclats
d'exaltations sublimes. Elle s'avance et s'envole dans d'intenses élans
de chœur accord, de corps à cœur. Envolées de femme qui se
proclame sur la toile de son être. Être de soie, être de feu. À venir ou
venu ?

Qui viendra à qui dans le sillage qui nous construit ?

J'ai foi. En la vie qui m'a été donnée. En l'Amour qui m'a élevé. En demain. En toujours. Et toi ?

J'aime ton humanité.

Elle est le sens de ta Vérité, le son de ton Éternité. Soit et la lumière sera entre tes bras en joie. Soit et le chemin s'ouvrira sous tes pas rayonnants d'émois.

Qui sait où demain nous conduira ?

Vers des instants clamés sous la frondaison du Temps qui nous a réunis ?

FLEUR D'AUTOMNE

à Anneka

Aimer une fleur
sans l'effeuiller
pour lui donner le temps
de se donner
à la vie à l'amour au temps qui s'évase
et à mes rimes sans raison
Aimer une fleur
à l'apogée de ses couleurs
et la contempler tendrement
se déployer
dans la vie qui l'attend
en égayant alentour tambour battant
Aimer une fleur
qui fleurit
à elle-même

RÉVÉLATION

à une libellule

Elle a vu de la lumière dans sa tête
et elle est entrée dans mon cœur
de la lumière a jailli dans ma tête
mais où suis-je entré docteur ?
dans les émois d'une libellule
les élans d'une femme intemporelle
les yeux d'une sorcière majuscule
le cœur d'une essence plurielle ?
Tendre ses mains vers elle
et s'étendre contre sa chaleur
si tendre qu'elle est fleur de vie
et se blottir contre le velours de sa chair
comme un phare engourdi par la nuit
Elle a vu de la lumière dans sa tête
et elle est entrée chez moi
de la lumière a jailli dans ma tête
mais où suis-je entré ma foi ?
entre une affection profonde et l'amour
il y a un pas
un pas de deux... attirances
comme une évidence sous les cieux
qui sait à quoi demain ressemblera
et après-demain
à part Dieu et mon petit doigt (qui ne parle pas)
qui sait si demain vivra
Que la Lumière soit
et ce qui doit être sera sous nos étoiles
qui scintillent et se cherchent une vérité
à force de s'esclaffer

LIBELLULE

Libellule
qu'attend la vie de nous
jusqu'où irons-nous
dans ce cœur croisé
à la croisée de nos destins
quel est ce chemin qui sillonne
à pas mesurés dans un grand souffle de vie
démesuré d'envie
le sais-tu toi
ce qui nous attend
au coin de la rue
au fond de nos regards
moi je ne le sais pas
Libellule
l'amour n'est pas un hasard
c'est un éclat de joies
sur un horizon déconcertant
et peut-être déconcerté
que survole
une Libellule d'allégresses
en liesse de soi

MÉLUSINE

Mélusine
aux griffes noires
plantées dans le cœur
d'un amour rétif à toute fadeur
Mélusine
aux rires écarlates
déployés à la face impavide
du temps qui passe sur les routines
Mélusine
à l'âme très coquine
traversée d'éclairs de sérénité
sur une plage désertée par l'inhumanité
Mélusine
est

en vérité
une fée
(fêlée ?)
que le Ciel
m'a peut-être envoyée
par
translation
car le Ciel a des raisons
que ma raison méconnaît
et
Mélusine
les connaît-elle
sous ses griffes noires
au rire écarlate
?

REÎTRE

Aimer une flamme
qui vous chauffe l'être
du cœur de son âme
tel un doux reître
Aimer une flamme
qui s'enflamme d'être
le sens ivre de l'âme
qui l'a vue naître
Aimer une flamme
au cœur de cèdre
que ses yeux proclament
sans y paraître
Aimer une flamme
qui s'amuse à être
une libre femme
avide d'apparaître
à elle-même
au grand jour
comme un retour
de flamme
gorgée d'amour
et de charme

DUDELE

Amoureux d'une coccinelle au vol de libellule qui déploie ses ailes au-dessus de mon corps de runes. Amoureux d'une ritournelle au cœur de gazelle qui gambade gaiement dans mon âme de vieux mécréant.

Comment ne pas l'aimer ? Comment ne pas savourer son regard de bulles solaires qui pétillent sur ma joie telle une danse d'outre-Terre, dans la pénombre du Cap-Vert ?

Comment se cacher ce qui est ? Et prétendre à ce qui n'est pas ? Peut-être... Mais faut-il se cacher ce qui est pour ne pas déranger ce qui n'est pas ? La vie est une symphonie entre les bras d'un amour qui se construit et d'une vérité qui s'épanouit ?

Amoureux de quoi ? Amoureux de qui ?

Mais de la vie ! De la vie qui jaillit entre ses doigts, entre ses voix, entre ses joies, entre ses larmes et les cœurs de son être. De son Être, tout simplement. De son mystère d'être. Une ode et une maturité à la fois, aussi déraisonnable que sage, aussi imprévisible que rayonnante. Elle enlace le bonheur comme on délasse les saveurs du devenir : à bras le cœur.

Amoureux d'une lumière apparue à l'aube d'un nouveau rayonnement, à l'orée d'un nouvel envol dans les faubourgs de l'émerveillement du devenir.

Amoureux, tout simplement. Amoureux d'un rayon de soleil à la jeunesse vieille comme le temps et à la vieillesse jeune comme les sentiments.

Comme on respire la vie. Comme on s'offre au soleil. Amoureux sans prétention, autre qu'aimer la douceur de vivre et de s'émanciper... à soi-même. Pour ne pas effaroucher le bonheur de sa proximité.

Amoureux d'aile. Aile de coccinelle à la légèreté d'une libellule frêle. Amoureux d'elle.

Et alors ? Où est le mal ? Dans l'amour ?

Ou dans la folie du poète ?

Je suis l'amour que je donne. Pas l'amour que je prends. M'a soufflé, un jour, le vent. Vent du soir, espoir ! La vie ne se bride pas, ni ne se brade pour quelque égarement.

La coccinelle chantonne allègrement...

Me blottir contre cette poussière d'Éternité allongés sous les étoiles qui nous ont guidés, amoureusement.

Se blottir.

ELLE EST

à Dudele

Elle est gamine elle est femme
elle est fleur elle est flamme
elle est une flambée de vie
dans la cheminée de son âme
elle est tout elle est rien
elle est le début elle est la fin
elle est le but et le chemin
elle est le sens elle est l'essence
elle est les sens à pleines mains
elle est l'absence et la présence
elle est l'encre et le parchemin
elle est le jour elle est la nuit
elle est la mort elle est la vie
elle est tout elle est rien
elle est tant et si bien
que le temps s'épanouit entre ses mains
Mais qui suis-je
moi
la somme de mes émois
la lumière qui me déploie
ou le sujet de mon destin

MAGIQUE

à Anneka

Magique
ton cœur atmos-féérique
qui chante à perdre haleine
sous l'auvent arc-en-ciel
d'un temps vaquant
tango tanguant
entre tes joies
Magique
ton regard de velours qui caresse
le contour de mes émois

au diapason de ces yeux
scintillant à qui mieux mieux
dans l'infini de nos jeux
je tu nous tu nous qui qui noue qui
toi ou moi ou nous ?
Magique
ton corps aux lignes fluides et
aux courbes élancées ponctuées
de seins mûrs comme des mangues
accrochées à l'horizon de la Vie
seins phoniques sensualités
si seins serrement attirantes
tel un éden
attendu sous la tente
Magique
ce corps si loin et si proche à la fois
dans sa chair en soie
ce corps qui s'éloigne
se rapproche et s'éloigne encore
et revient
pour aller vers quoi
dans son écrin d'envie et d'envol
le désir ?
Mais le désir de quoi ? De qui ?
De comment ? De quand ?
Magique
toutes ces interrogations
qui ouvrent à tous le évident il est évident que s possibles
devant la porte du cœur
de nos cœurs
donc à la vie
Magique
le bonheur
nu
comme toi

NUDITÉS SUBLIMES

à Anneka

Elle a revêtu sa chair d'une aura claire. Voyez la lueur qui luit de son cœur lorsqu'elle tend les yeux. Voyez sa peau qui affleure sous ses rires et ses pleurs en feu. Derrière les couleurs de la vie qui l'habite, sa nudité l'habille avec la singularité d'une évidence nubile. L'évidence du sens que l'on donne à ses sens. Elle est la substance et l'essence qui dansent en fredonnant une vie avec élégance et entregent.

Elle est nue comme une fleur incarnée dans une originalité accrue. Elle est nue sans l'être, le corps léger comme une ritournelle champêtre.

Elle est dévêtue jusqu'à l'âme, malgré des pétales de tissus qui la proclament, et transportée au firmament des étoiles par ses pieds en demi-lune de miel. Car, sensuelle, dans son écrin galbé autant qu'élancé vers des jours qui lui prennent la main, afin de mieux la guider à travers des nuits satinées d'embruns, elle respire l'aube de toutes les libertés de son toucher très printanier. Et si prolifique...

Elle est nue comme une fleur incarnée dans une spécificité à cru. Elle est nue sans l'être, le corps ludique comme une fredaine idyllique.

Et son regard épris d'amour et d'ivresses sans fin. Et ses lèvres qui sourient en une caresse exquise à peine provocante, telle une ode conquise autant que conquérante. Et son cou infini à la ferme souplesse. Et ses seins dessus dessous qui tètent en chœur le bonheur d'être séduits. Et son corps et son cœur si charnels qui battent à l'unisson de tous les frissons. Et son bas-ventre qui n'inspire qu'ardeur et passion.

Elle est nue comme une fleur incarnée dans une originalité accrue. Elle est nue sans l'être, le corps léger comme une ritournelle champêtre.

Mais est-ce sa nudité ou sa vérité qui la dévêt sans retenue ?

Tel un malandrin, le poète s'est égaré chemin faisant sur un être à l'âtre tant et tant désiré pour son intégralité qu'il en a oublié de frapper avant d'entrer.

« Bonjour, puis-je vous fantasmer sans craindre d'être brisé sur le récif de mes mots ? », demanda le crapaud, son baluchon toujours sur le dos. « Puis-je vous espérer dans un coin de mon corps à cœur déployé sous votre cœur au corps tant et si bien incarné ? », se

hasarda-t-il encore en direction d'une libellule quelque peu estomaquée bien que parfaitement campée et cambrée.
Elle est nue mais quand même...

ARC DE VIE

Bander la vie
bander l'amour
comme un arc tendu qui atteint
son cœur de cible
bander le jour
bander la nuit
comme un arc éperdu pénètre
la volupté en nous
bander le temps
bander l'espace
comme un arc attendu plonge
en un corps en sève
bander son corps
bander son âme
comme un arc

EMMA SCIÉE

Emma bleue
tu brusques la vie palsambleu
de ton allégresse nicotinée
qui transperce les intempéries
de ses vitales volutes enfumées
Emma née
de la première pluie estivale
pour déployer toute l'étendue
d'une générosité à fleur de peau
sous l'arbre de vie qui m'avale
Emma tome
dans le cœur angoissé
d'une femme à peine dévoilée
par sa maternelle émotivité

que l'amour fait vibrer
Emma s' cule
sur l'autel d'un sage bonheur
avec le rire frondeur
de celle qui veut y croire
au soleil et à l'espoir

VA

à Marie

Va vers ta voie
et la vie viendra
à pleines mains à grands pas
va vole au vent
d'une vie voluptueuse
et le bonheur s'envolera
loin des violences d'antan
va et la vie te suivra
à grands rires en plein cœur

RAYONNEMENT MAJUSCULE

à Dudele

Rayonnante
elle est
rayonnant sur mon rayonnement
comme un soleil
qui rayonnerait dans un flamboiement débordant
Rayons de vie
entrelacs de sentiments
appariement d'âmes
par la grâce d'une lumineuse prédestinée
et les sens qui chavirent
et s'interrogent et se nourrissent et s'attirent
et ce trouble qui nous tisse sous la toise d'un temps impassible
le temps de l'amour qui nous unit
et nous construit
malicieux comme la vie

Rayonnant
je suis
resplendissant sur son resplendissement
comme un astre
qui resplendirait dans un émerveillement réjouissant
Rais de cœurs
tissage d'êtres
conjonction de corps
par la grâce de nos sens épris
et nos chairs qui se respirent
et s'observent et s'apprivoisent et s'aspirent
et ce désir qui nous conspire sous l'auvent d'un tant impavide
le tant de nos sentiments qui nous lie
et nous déploie
radieux comme la Voie

ET SI

à Dudele

Contre toi. Entre toi émoi. En toi. En nous. Dans la chaleur du devenir et la douceur d'une plénitude en parvenir, insensiblement.
Nus. À bout de bras. À bras-le-corps. À corps étendus. Accords éperdus.
Photos. Clic et déclic.
Prises de vue en double voix. Prises de risques à deux vies. Prises au vent de libertés inouïes, pour voguer plus avant dans l'intimité de nos sentiments. Plus loin que le temps et l'espace de nos élans. Des élans allant allègrement sur les voiles du tant. Tant de tout. Que la vie s'engouffre gaiement dans les moindres interstices de notre épanouissement.
Nus. En pleine lumière. Lumière de vies. Vies folles d'elles-mêmes. À chœur perdu.
Clips. Moteur et clap.
La proximité de deux cœurs délivrés grise leurs corps enchevêtrés. Filmer au plus près de la prodigalité. Se pénétrer jusqu'à l'indicible, jusqu'à la vérité imperceptible des sens. Puis se blottir dans la chair de notre sensualité andante. S'entrelacer jusqu'aux confins de ses courbes élégantes. Et s'entrecroiser au sein de nos lueurs ardentes. Les lèvres posées sur des seins alanguis d'avoir tout donné.

Et si on se rejoignait ? Loin des clichés et des faux-semblants, des hésitations et des balbutiements. Sur une ligne de vie verticale et vertigineuse.

Il n'est meilleure folie que celle d'espérer.

Nus. Comme l'amour qui se vit.

EMBRASSE-MOI

à un Bonheur en fleur

J'aime la con-quéquette de l'extase par la face nord de sa bouche en cœur, après avoir sillonné la face nette de son cœur en bouche.

J'aime l'éclat de nos âmes à la lumière de nos êtres qui se découvrent et s'éclairent, dans le clair-obscur de nos cœurs transis de vie intime.

J'aime le face-à-face de nos corps qui s'engagent en un cœur à cœur, un cœur accord de corps en chœur, dans un tête-à-tête sans queue ni tête.

J'aime pénétrer la profondeur de nos sentiments qui affleurent à l'horizon de nos chairs abreuvées par une sensualité pleine de sourires débordants et de légèreté.

J'aime la saveur de son corps et de son être, de son âme et de son cœur, de son esprit et de ses sens, de sa profondeur et de sa juvénilité, de ses seins et de son sexe débridés, que je sens.

J'aime qu'elle m'aime d'un amour bohème aux désirs poèmes, qu'elle me goûte au compte-gouttes sur le lit défait de nos doutes qui s'égouttent allègrement dans le flot de nos étonnements.

J'aime passionnément l'effervescence de son allant, la courbe de ses élans, le sens de sa présence incarnée, la douceur de ses doigts attendris et la chaleur de son regard qui m'éblouit insensiblement.

J'aime le son de sa voix qui me dévoile et me déborde à chaque fois, le son de son rire au bord du délire, à l'instant où chaque écho réveille une ribambelle de désirs autour de ses lèvres qui soupirent.

J'aime son énergie qui me transborde vers une exaltation indicible et les effluves de son aura qui me transporte dans les contrées d'une joie aussi juvénile que féline, tellement coquine et sublime.

J'aime la con-quéquette du plaisir par les sentiers escarpés et bucoliques de l'amour, ce cheminement si excitant entre les bras d'un bonheur qui se construit peu à peu avant de pénétrer la vie intensément.

Je l'aime, tout simplement.

COMMENT

à Dudele

Comment ne pas aimer ce sourire qui irradie le fond de ses yeux et les mue en deux pépites qui pétillent au bout de ses lèvres déployées ?

Comment ne pas se réjouir de retrouver, tellement immuable, son éclat si prévenant et si exaltant qu'il époustoufle même le vent par gros temps ?

Comment ne pas désirer son corps à l'allant si détonnant qu'il vibre dans sa charnalité à fleur de peau, à fleur de joie et d'envie, au moindre frémissement ?

Comment ne pas vouloir embrasser la vie auprès d'elle, et sa bouche et ses seins qui esquissent la volupté de l'amour sur l'esquif des jours et des nuits ?

Comment ne pas vouloir toucher son être et son cœur, son esprit et sa raison, sa chair vive, son visage radieux et ses seins généreux, mûrissant à la lumière du devenir dans le sillage du tant et tant ?

Comment ne pas souhaiter caresser les galbes de son être, la profondeur de ses yeux, les couleurs de son âme, les saveurs de son humanité et de sa sensualité innées ?

Comment ne pas tendre vers la chaleur de son regard qui m'enveloppe d'une douceur héliotrope et la féline exubérance qu'engendre sa vitalité pleine de générosité ?

Comment ne pas attendre le temps qu'il faut au temps pour trouver le temps d'un apprivoisement mutuel entre corps et esprits, cœurs et sens, chairs et essences ?

Comment ne pas pénétrer au plus profond de ses vérités et au plus intime de son humanité incarnée, de son incarnation tellement humaine que l'amour se met à germer de lui-même ?

Comment ne pas vibrer au son de son amour providentiel et singulier, surgi sous le ciel de mes jours suspendus à des lendemains indécis et pleins de vie ?

Comment ne pas ne pas l'aimer ?

Le regard au bord de l'horizon qui déploie sa panoplie d'étonnements en cascade et de bonheurs en fleuraison, je contemple la vie qui s'en vient dans les bras d'une femme que rien ne retient, si ce n'est le fond de la nuit ou les méandres de son chemin de vie.

Le regard au cœur de l'horizon qu'illuminent les éclats de rire de son âme qui se décline à l'infini.

Elle a la folie de ses artères et la sagesse de ses mystères. Elle a une jeunesse intemporelle et une sagesse karmique. Elle est la réponse à tous les questionnements et toutes les questions à la fois.
Comment ne pas ne pas l'aimer ?

GRATITUDE

à Anne...

Quelle est cette femme qui m'habite
quelle est cette flamme qui m'agite
c'est la vie surgie au détour de nos sentiments
de ces sentiments venus d'ailleurs et de nulle part
et de toujours peut-être de bien plus loin que nos souvenirs en tout cas
et quelque chose soudain s'éclaire si frais et si gai si vrai et si limpide
quel est ce bonheur qui m'agit tel un élixir de vie
quel est cet amour qui m'inspire sur le fil de la joie
la certitude sereine d'être ce que je crois
et de croire à ce que je suis à qui je suis
par la grâce d'un regard prédestiné
à se poser en nous comme un parfum doux
connais-tu la gratitude d'exister
sais-tu savourer le moindre brin d'humanité
qui se tend vers ton cœur comme une pâquerette
à effeuiller afin de découvrir sa vérité
celle que l'on a tellement peur d'approcher
mais qui ne vous quitte jamais lorsqu'elle vous a trouvé
L'amour ne m'a pas encore échaudé
et toi
et nous
et vous

CUISINE

J'aimerais touiller ses tétons
au sortir de l'étuvée
après les avoir mijotés
au feu de ma bouche affamée
j'aimerais paner son corps
de baisers et de légèreté
après l'avoir mouillée
abondamment de mes sentiments
j'aimerais faire mariner ses sens
dans mes fantasmes épicés
par les frémissements qui enveloppent
sa chair revenue à feu fou
j'aimerais foncer ses entrailles
après avoir fait flamber
ses ultimes résistances
et dresser l'amour
afin de le savourer

ERRANCE NOCTURNE

à Marie

La pénombre est tombée
sur notre amour inquiet
dans une nuit de pleine lune
qui broya nos regrets
et la solitude s'est installée
jour après jour moi après moi
dehors il fait froid
dehors est désincarné
Le soleil reviendra un matin
d'aurore apaisée par le temps
qui aura passé sur des morsures
cicatrisées dans l'âtre de la vérité
dedans il fera chaud
dedans sera réincarné
par qui par quoi en quoi en qui
qui peut le dire

l'horizon est si proche et si loin
à la fois
La pénombre est tombée
tu m'as tant donné

AVANCER

à Marie

Avancer dans la jungle de ses sentiments
des sentiments désarticulés d'avoir trop peiné
à trouver ce souffle qui maintient envie
et de cœur en cœur de doutes en certitudes
claudiquer vaillamment vers sa finalité
dans la jungle de ses sentiments essoufflés

Laissez-moi le temps de me retrouver

Avancer dans la broussaille de ses sens
des sens en apnée de ne plus la trouver
au fond du temps qui chemine gaiement
il faut s'extraire de soi-même absolument
pour espérer accoster un jour l'Amour
dans la broussaille de ses sens éprouvés

Laissez-moi le temps de me retrouver

Avancer dans le Jardin de ses vérités
des vérités que le temps a ciselé
à force de les mesurer à l'humilité
et marcher résolument vers l'essence
inépuisable de l'Amour éclairé
dans le jardin de ses vérités assumées

BONNE ANNÉE
(2009)

Le crapaud s'en est allé vers sa lumière retrouvée et la flamme qui l'attend patiemment au cœur de sa folie. Quant au ver de terre, il s'est enterré dans les profondeurs glauques de ses miasmes de mort-vœu virulent. Pendant que la princesse désormais presque blanche comme neige au soleil a entamé son chemin de liberté progressivement.

Une année referme sa porte pour s'ouvrir sur une autre. Une année de décomposition vers une année de construction, une année de déréliction contre une année d'émancipation.

DU MÊME AUTEUR

Autobiographie
À contre-courant, 1ᵉ édition, Desclée de Brouwer, 1999. 2ᵉ éditions, Worms, Le Troubadour, 2005 (épuisé).
En dépit du bon sens : *autobiographie d'un têtard à tuba*, préface ONFRAY M., Noisy-sur École, L'Éveil Citoyen, 2015 (épuisé)

Poésie
Toi Émoi, Worms, Le Troubadour, 2004
Corps accord sur l'écume Worms, Le Troubadour, 2010
Ikebana effervescent, Worms, Le Troubadour, 2012
Le jeune homme et la mort, Worms, Le Troubadour, 2016
Les chemins d'Euterpe, Autoédition MN, 2018
Divins horizons, Autoédition MN, 2020
Femmes libertés, Autoédition MN, 2021
Allègres mélancolies, Autoédition MN, 2021
Les foudres d'Éros, Autoédition MN, 2019
Sérénité, Autoédition MN, 2019
L'existentialisme précaire d'un têtard pensant, Marcel Nuss, 2018
Chroniques poétiques, Autoédition MN, 2021
Le quotidien des jours qui passent, Autoédition MN, 2020
Aveux de faiblesses, Autoédition MN, 2022
Récoltes verticales, 1999-2002, Autoédition MN, 2022

Essais
La présence à l'autre : Accompagner les personnes en situation de dépendance, 3ᵉ édition 2011, 2ᵉ édition 2008, 1ᵉ édition 2005, Paris, Dunod.
Former à l'accompagnement des personnes handicapées, éditions Dunod, 2007 (épuisé).
Oser accompagner avec empathie, préface COMTE-SPONVILLE A., Paris, Dunod, 2016

Je veux faire l'amour, Paris, Autrement, 1ᵉʳᵉ édition 2012, Autoédition, 2ᵉ édition 2019.
Je ne suis pas une apparence, Autoédition MN, 2021

Romans érotiques
Libertinage à Bel Amour, Noisy-sur-École, Tabou Éditions, 2014 (épuisé)
Les libertines, Paris, Chapitre.com, 2017 (épuisé)
Le crépuscule d'une libertine, Paris, Chapitre.com, 2018 (épuisé)

Réédition en version originale :
La trilogie d'Héloïse, Autoédition MN, 2021
    1 Con joint
    2 Con sidéré
    3 Con sensuel

Nouvelles
Cœurs de femmes, Paris, Éditions du Panthéon, 2020
Ruptures, Paris, Éditions Saint-Honoré, 2021
Incarnations lascives, Autoédition MN, 2021

Sous le pseudonyme de Mani Sarva
Horizons Ardents, Paris, Éditions Saint-Germain-des-Prés, 1990 (épuisé).
Divine Nature, prix de la ville de Colmar 1992, Éditions ACM, 1993 (épuisé).
Le cœur de la différence, préface JACQUARD A., Paris, L'Harmattan, 1997

Essais en collaboration avec :
COHIER-RAHBAN V. *L'identité de la personne « handicapée »*, Paris, Dunod, 2011
ANCET P. *Dialogue sur le handicap et l'altérité : ressemblance dans la différence*, Paris, Dunod, 2012

Essais dirigés par l'auteur

Handicaps et sexualités : le livre blanc, Paris, Dunod, 2008
Handicaps et accompagnement à la vie sensuelle et/ou sexuelle : plaidoyer en faveur d'une liberté !, Lyon, Chronique Sociale, 2017